青春文庫

小学生はできるのに
大人は間違える日本語

話題の達人倶楽部[編]

青春出版社

はじめに

今、小学校で習う「教育漢字」は１０２６文字。そのなかにも、うっかりすると、大人も読み間違う漢字が多数含まれています。まずは、「小学校で習う漢字」だけで構成された次の言葉を読んでみてください。

１　下期
２　思いの外
３　外相

「こんなの簡単だよ」と思われた方が多いとは思いますが、たとえば、あなたは「下期」を「かき」と読んだりはしなかったでしょうか？　たしかに「下記」や「夏期」は「かき」と読みますが、「下期」は「しもき」と読みます。また、「上期」は「じょうき」ではなく、「かみき」が正しい読み方です。

あるいは、あなたは、「思いの外」を「思いのそと」、外務大臣を意味する「外相」を「がいそう」と読んだりはしなかったでしょうか。正しくは「おもいのほか」と「がいしょう」です。

　むろん、漢字の読み以外にも、日本語には、間違いやすいポイントが多数ひそんでいます。たとえば、以下は、間違った意味に使う人が多い言葉です。

1　やおら
2　おもむろに
3　うがった見方をする

　これらは、いずれも文化庁の「国語に関する世論調査」で、半数近くの人が間違った意味に使っているとわかった言葉。その詳細、後ほど本文でご紹介しましょう。

　というわけで、この本にまとめたのは、おおむね小学校で習うか、小学生の頃から使いはじめる漢字や言葉なのに、〝大人は意外と間違える日本語〟です。

　今後、「手を汚す」を「てをけがす」と間違って読んだり、「にぎわう」を「にぎあう」と言い間違えたり、「どうりで」を「どおりで」と書き誤ったりしないように、この本で正しい日本語を身につけていただければ幸いに思います。

二〇二一年一月　　　　　　　　　　　　話題の達人倶楽部

小学生はできるのに大人は間違える日本語■目　次

第7章 言葉を知っている人の「ことわざ」「故事成語」……279

カバーイラスト■Adobe Stock
DTP■フジマックオフィス

第1章

やってはいけない日本語の「使い間違い」

1 「読める」と思っている言葉ほど読み間違える

◉ここで間違えるのは恥ずかしい①

□手紙(てがみ)を認める　　×みとめる→○したためる

「認める」は、同じ形で「みとめる」とも「したためる」とも読む。多くは「みとめる」と読むが、文書に関係するときは「したためる」（書くという意味）と読むケースがあるので注意。

□あり得る　　×ありえる→○ありうる

「得る」は、現代語では「える」と読むのが一般的。ただし、「あり得る」だけは、「ありうる」が伝統的な読み方とされ、放送局でもこちらを採用している。

ただし、否定形は「ありえない」で「え」が正解になる。

□ごった返す

×ごったかえす↓○ごったがえす

大混雑するさま。「返す」を濁音で読むのがお約束。なお、「返す返す」は「かえすがえす」と二つめを濁音で読む。

□腹鼓を打つ

×はらづつみ↓○はらつづみ

「舌鼓」は「したづつみ」ではなく、「したつづみ」が正しいことは、多くの本で紹介されたことで、かなり知られてきている。「腹鼓」も同様で、「はらつづみ」と読むのが正しい。

□（珍事が）出来する

×しゅつらい↓○しゅったい

事件などが起きる、あるいはできあがるという意味。出版業界では、増刷本ができあがることを「重版出来（しゅったい）」という。新人編集者は、これを一度は「重版でき」と読んでからかわれるのが、業界の〝あるある〟。

□**大事になる**

大きなトラブル、問題に発展すること。同じ意味の「大事に至る」は「だいじ」と読む。

×だいじ↓○おおごと

□**顔色を失う**

恐怖や驚きのため、顔が青ざめるという意味。なお、「顔色なし」は「がんしょく」、「顔色をうかがう」と「顔色をかえる」は「かおいろ」と読む。

×かおいろ↓○がんしょく

□**手を汚す**

「汚す」は「けがす」とも「よごす」とも読み、文脈に応じて読み分けることが必要。慣用句では「よごす」と読むことが多く、「顔を汚す」も「面汚し」も「よごす」と読む。

×けがす↓○よごす

□**骨を埋める**

「埋める」は「うめる」とも「うずめる」とも読むが、この成句の場合は「うずめる」が正解。その場にとどまり、一生を終えるという意味。

×うめる↓○うずめる

◉ここで間違えるのは恥ずかしい②

□分に過ぎる
×ぶ↓○ぶん

成句に登場する「分」は、「ぶ」と「ぶん」の読み分けが厄介。「分をわきまえる」「分を守る」は「ぶん」。「分がある」は「ぶ」と読む。

□各々
×かくかく↓○おのおの

各自、めいめいにという意味。『忠臣蔵』で、大石内蔵之助が浅野家臣一同に呼びかけるときは「各々方」。なお、「かくかくしかじか」（具体的内容を省略するときに使う語）は、漢字では「斯斯然然」と書く。

□古から
×ふるくから↓○いにしえから

「古」一字の訓読みは、「いにしえ」。勝手に「く」や「い」といった送り仮名の書き落としと解釈して誤読しないように。

□**新手の**　×しんしゅ→○あらて、しんて

新しい手段という意味。「新手（あらて）の詐欺商法」「将棋の新手（しんて）」などと読み分けるが、「しんしゅ」とは読まない。「しんしゅ」と読むのは「新種」。

□**自ずから**　×みずから→○おのずから

「みずから」は「自ら」。「自ずから明らかとなる」「読書百遍義自ずからあらわる」などは、「おのずから」と読む。

□**お騒がせ**　×おさがわせ→○おさわがせ

「騒がす」は、誰もが「さわがす」と読むのに、「お」がつくだけで、「おさがわせ」と「わ」と「が」が反対になる人が多い言葉。むろん、発音しにくいからで、本人も気づいていないことが多い。テレビ出演者にも、「あの〝おさがわせタレント〟が…」などと言う人がいるもの。

2 みんなが誤解している日本語の「意味」

◉「国語に関する世論調査」でわかった意外な事実

□流れに棹（さお）さす

文化庁では、例年、「国語に関する世論調査」を行い、慣用句やことわざの使い方について、アンケートをとっている。たとえば、この「流れに棹さす」の本来の意味は「傾向に乗って、勢いを増す行為をする」だが、62・2％の人が「傾向に逆らって、勢いを失わせる行為」という意味だと思っていた。

□やおら

本来の意味は「ゆっくりと」。それなのに、43・7％の人が「急に」「いきなり」

という意味だと思っていた言葉。

□号泣（ごうきゅう）する

もともとの意味は「大声をあげて泣く」なのだが、48・3％の人が「激しく泣く」という意味だと思っていた言葉。なお、「号」には、さけぶという意味がある。

□うがった見方をする

本来の意味は「物事の本質をとらえた見方をする」ということなのだが、48・2％もの人が「疑ってかかるような見方をする」という意味だと思っていた言葉。過去には有名キャスターも長年まちがって使っていたと謝罪したことがある。

□まんじりともせず

本来の意味は「眠らないで」だが、51・5％もの人が「じっと動かないで」という意味だと思っていた言葉。

□**おもむろに**
本来は「ゆっくりと」という意味だが、40・8%の人が「不意に」ということだと思っていた言葉。「おもむろに起き上がる」はゆっくり起き上がるという意味。

□**煮詰まる**
議論が「煮詰まる」は本来、「(議論が出尽くして)結論が出る状態になること」(51・8%)を意味するが、40・0%の人が、「(議論が行き詰まり)結論が出せない状態になること」と思っていた言葉。

◉その日本語の使い方、もともとの意味からズレています

□**じりじりと遅れていく**
「じりじり」は、「近づいていく」ときに使う副詞。テレビ・ラジオ局では、マラソンや駅伝の実況放送で、「じりじりと遅れていく」とアナウンスしないよ

うに指導している。ただし、現実には「じりじりと引き離されていきます」などと、遅れていく形容にも使われている。

□名前負けする

近年、とりわけスポーツ関係で、「名前負け」を「相手の名前に対してひるむ」という意味で使うケースが目立っている。これは誤用で、正しい意味は、（自分の）名前が立派すぎて、実力が伴わないこと。

□（一人の）名選手を輩出する

「輩出する」は複数の人材が世に出ることで、「数々の名選手を輩出した高校」のように使う。「○○選手を輩出した高校」のように、対象が一人の場合に使うのは誤用になる。

□おざなり

「おざなり」は、その場しのぎのため、何かを適当に〝する〟こと。一方、「なおざり」は、すべきことをほったらかしにして、何も〝しない〟こと。だから、

「仕事をおざなりにする」は少しは仕事をしているが、「仕事をなおざりにする」は仕事をまったくしていないという意味になる。

□双璧（そうへき）

「双璧」は、二つの宝玉のことであり、すぐれていることのたとえに使う言葉。だから、ネガティブな形容には使えず、「悪の双璧」などというのは誤用。

□追撃

「追撃」は本来、優勢なほうが、かさにかかって相手を攻撃するという意味。「首位チームを追撃する」など、劣勢・下位のものが、優勢なものを追いかけるという意味で使うのは誤用。

□連投

「連投」は、野球で同じ投手が二日以上続けて投げることであり、一試合中の出来事に使うのはふさわしくない。「フォークボールを連投する」は「フォークボールを続けて投げる」に言い換えたほうがいい。

□いさめる

目上が目下を注意することではない。「社長をいさめる」など、下の者が目上に意見するときに使う言葉。漢字で書くと「諫める」で、そういう言葉を「諫言」という。

□たなびく

旗が風を受けてはためくことではない。「煙がたなびく」など、煙や霞(かすみ)が横に長く漂うさま。旗は「なびく」(靡く)もので、「旗が風に靡く」など。

3 できる大人はこういう言葉の「言い間違い」をしない

◉誰もがやってしまう「言い間違い」①

×似通る↓○似通う

「似通う」は、互いによく似ているさま。「似通る」は、音の似通っている「近寄る」に引きずられた誤用か。

×要チェックする↓○チェックする

「要チェック」の「要」は、「○○することが必要」という意味。「この点は要チェック」などと使えても、「要チェックする」と動詞のように使うのはおかしい。

×先延ばす↓○先延ばしにする

×は、「先延ばし」という名詞を動詞化した言葉だが、まだ市民権を得ていない。正しくは「先延ばしにする」。「先送りする」もOK。

×前倒す↓○前倒しにする

名詞の「前倒し」の動詞化も、まだ市民権を得ていない。少なくとも、文章では「前倒しにする」と書いたほうがいい。

×大きい顔をする↓○大きな顔をする

口語では「大きい〜」となりがちだが、成句としては「大きな」が正解。ほかにも、成句では、「大きなお世話」「大きな口をきく」は、いずれも「大きい」ではなく、「大きな」を使う。

×（責任の重さを）しみじみと感じる↓○ひしひしと感じる

「ひしひし」は、重大な責任など、身にこたえることの形容に使われる。一方、

「しみじみ」は心に深くしみこむさまに使われる。「喜びをしみじみと感じる」が定番の使い方。

×水かさが高くなる→〇水かさが増す

「水かさ」は水量のことであり、「高い・低い」ではなく、「増す・減る」で形容する。「高くなる」を使うのであれば、「水位が高くなる」。

×目覚めが悪い→〇寝覚めが悪い

「寝覚めが悪い」は、寝起きの気分や体調がすぐれないこと。文化庁の国語調査では、6割近い人が「目覚めが悪い」という誤った形で使っていた言葉。

×味あう→〇味わう

「味わう」は「わ行」で活用する言葉だが、発音しにくいこともあって、「味あう」という人が多い言葉。けれども、文章で〝味あう〟と書いてはダメ。〝味合う〟も×。

×コンセントを差し込む→○コンセントに差し込む

コンセントは、電気をとるための差し込み口であり、そこに差し込むのはプラグ。だから、「コンセントに差し込む」か「プラグを差し込む」が正しい表現になる。

◉誰もがやってしまう「言い間違い」②

×口をつく→○口をついて出る

次から次へと言葉が出てくるさま。漢字では「口を衝いて出る」と書き、「衝く」はしぜんに溢れ出るさまを表す。「悪口が口をつく」は誤用で、「悪口が口をついて出る」が正しい。

×にぎあう→○にぎわう

「にぎあう」ではなく「にぎわう」。またその否定形を「にぎあわない」としないように注意。正しくは「にぎわわない」(確かに発音しにくいのだが)。

×積極さがほしい↓○積極性がほしい

「小ささ」「高さ」「華やかさ」などは、形容詞や形容動詞の語幹に、接尾語の「さ」がついて、名詞をつくる形。「積極」のような名詞に「さ」はつけられない。

×興奮さめやまぬ↓○興奮さめやらぬ

「興奮」と「夢」は「さめやらぬ」と続けるのが定型。「夢さめやまぬ」も×なので注意。

×たじろかす↓○たじろがす

「たじろぐ」が基本形の動詞であり、相手をひるませるときも「たじろがす」と濁音を使う。否定形も、「たじろかない」ではなく、「たじろがない」。

×先ん出る↓○先んずる

「先んずる」は、「先にする」が音便化した言葉で、「人に先んずる」などと使う。「先んじる」でもOKだが、「先ん出る」という言葉はない。

×暗雲がたちこめる→○暗雲がたれこめる

ネガティブなことが起きそうな状況の形容句。「暗雲」は雲の一種なので「(低く)垂れ込める」が正解。一方、「たちこめる」のは霧や煙であり、「霧がたちこめる」「煙がたちこめる」などと使う動詞。

×底なしに明るい→○底抜けに明るい

「底なし」は底がわからないという意味で、「底なし沼」などに使われている言葉。一方、「底抜け」は物事の程度が甚だしいさまを表し、性格の「明るさ」を形容するのはこちらのほう。

◉いかにもありそうな「言い間違い」①

×采配をふるう→○采配を振る

指揮すること。「采配」は、かつて大将が戦闘を指揮するために振った道具。近年、「采配をふるう」という人が増えているが、これは「辣腕を振るう」との混交か。

×陣頭指揮をふるう→○陣頭指揮をとる

先頭に立って指揮すること。前述の「采配を振る」が〝采配をふるう〟と誤用され、それがこの言葉の変形にも影響を与えたとみられる。「指揮をふるう」という言葉もない。

×肩をつぼめる→○肩をすぼめる

「口をつぼめる」（閉じるの意）とはいうが、肩は「すぼめる」（幅を狭くするの意）もの。なお、厄介なことに「つぼめる」も「すぼめる」も、漢字では「窄める」と書く。アナウンサーなど、プロの読み手にとっては、文脈に合わせて読み分けなければならない面倒な言葉。

×寸暇を惜しまず働く→○寸暇を惜しんで働く

○のほうは、わずかな暇（寸暇）ができるのも惜しんで働くという意味。近年は、×のようにいう人が増えているが、〝寸暇を惜しまず〟では、意味が成立しない。

×物議を呼ぶ→○論議を呼ぶ

論議を引き起こすこと。「物議を醸す」は、ほぼ同じ意味で正しい表現。一方、「物議を醸し出す」は、よく見かける誤用。「論議を醸す」もNG。

×予防線を引く→○予防線を張る

後々、責任を追及されないように、前もって手を打つこと。「予防線」は、敵の侵入を警戒するラインのことであり、「警戒線」などと同様、「張る」もの。「引く」ものではない。

×（怒りで）目をつり上げる→○眉をつり上げる

「目」を使った慣用表現は、よく知られている言葉だけでも50以上あるが、「目をつり上げる」という言葉はない。怒りや興奮したことを表す語は、「眉をつり上げる」か「眉を上げる」。

×名前に泥を塗る↓○顔に泥を塗る

体面を汚すこと。「名前を汚す」という言葉はあるが、「泥を塗る」場合には「顔」を使う。

×（高気圧が）進む↓○移動する

気象庁では、高気圧は「移動する」、低気圧は「進む」と表現する。低気圧は中心がはっきりしているので「進む」を使い、高気圧は中心がはっきりしないので「移動する」と表現する。また、低気圧は「発達する」、高気圧は「勢力を強める」と表現している。

◉いかにもありそうな「言い間違い」②

×ご拝読ください↓○お読みください

「拝読」は謙譲語であり、「拝読させていただきました」など、自分の行動に使う言葉。ほか、拝聴、拝見、拝借、拝察など、「拝」のつく熟語は自分の行動専用の言葉。

×お目にかなう→○お眼鏡にかなう

目上の人に評価されることを意味する慣用句は、「お眼鏡にかなう」。「目に留まる」という言葉はあるので、それを敬語化した「お目に留まる」はＯＫ。

×箸を進める→○箸が進む

食欲がわき、次々と食べる様子は「箸が進む」。あるいは「食が進む」もＯＫ。

×手間暇を惜しむ→○手間を惜しむ

手を抜くことを意味する慣用句は「手間を惜しむ」。「手間暇を惜しむ」という人が多いのは、「手間暇かける」と混同してのことだろう。

×景況を呈している→○活況を呈している

「景況」は、景気、相場などの状態のことで、「景況感」「景況判断」などと使う言葉。商売・相場などの景気がいい状態は「活況を呈している」。

×念頭に入れる↓○念頭に置く

○は、いつも気にかけるという意味。「念頭に入れる」という誤用は、「頭に入れる」と混同したものだろう。

×天罰が当たる↓○天罰が下る

天罰は「当たる」ものではなく、「下る」もの。「天罰が当たる」という誤用は、「罰（ばち）が当たる」との混同とみられる。

×射程距離に入る↓○射程内に入る

「射程」は、発射地点から弾着点までの距離のこと。だから、「射程距離」は重複表現。「射程距離は2キロ」ではなく、「射程は2キロ」とするのが正しい。

×日がどっぷりと暮れる↓○日がとっぷりと暮れる

日が暮れる様子の形容に使うのは「とっぷり」。一方、「どっぷり」は「どっぷり浸っかる」などと使う言葉。なお、「とっぷり」は、「とっぷり浸かる」など、液体に浸かるさまの形容にも使える。

×背中が寒くなる→○背筋が寒くなる

気味の悪さにぞっとするさま。成句としての定型である「背筋が寒くなる」を使いたい。

×鉄槌を見舞う→○鉄槌(てっつい)を下(くだ)す

厳しい制裁を加えること。槌は振り下ろすものであり、○が定型。「鉄槌をお見舞いする」も×。これは「鉄拳をお見舞いする」(拳で殴ること)と混同した言葉だろう。

×野に放す→○野に放つ

「野に放つ」「鳥を放つ」「矢を放つ」など、はなしたとたん、勢いよく駆け出したり、飛び出したりするものには、「放つ」が似合う。

×攻守立場を変える→○攻守所(こうしゅところ)を変える

○は形勢が逆転するという意味。「攻守所を変える」が正しい形なので、スポーツ中継で耳にすることがある「攻守、立場が変わりましたねぇ」などというセリフは誤用になる。

◉〝しくじる〟前にチェックしておこう①

×しかめつらしい↓○しかつめらしい

「しかめっ面」という言葉につられ、「め」と「つ」の順番が反対にならないように注意。「鹿爪らしい」という当て字もあるくらいで、「しかつめらしい」が正しい。

×足かけ五年余り↓○足かけ五年

「足かけ」は、始まりと終わりの年も数えるときに使う言葉。切り上げて数えるので、数字がはっきり出るはずで、「余り」をつける必要はない。

×（事故が）ずば抜けて多い↓○ひじょうに多い

「ずば抜ける」は優れているという意味を含み、「ずば抜けて優秀」「ずば抜けた出来」などと、ポジティブな形容に使う言葉。事故の多さなど、ネガティブなことの形容には不似合い。

×おそらく大丈夫↓○たぶん大丈夫

「おそらく」は漢字で「恐らく」と書くように、恐れるという意味を含むので、ポジティブな予測には似合わない。大丈夫と思う場合には、「たぶん大丈夫」「きっと大丈夫」としたほうがいい。

×自信なさげ↓○自信なげ

「自信ない」に接尾語の「げ」がついた形で、「自信なげ」が正しい。他に「頼りなげ」「所在なげ」も「さ」は必要なく、「頼りなさげ」や「所在なさげ」というのは間違い。

×久々の（大地震）↓○久々の（勝利）

「久々の」や「久しぶりの」は、「久々の快勝」「久しぶりの優勝」など、期待されていたことがしばらくぶりに起きたときに使う言葉。ネガティブなことには似合わないので、「久々の殺人事件」や「久しぶりの大火事」なども NG。

×通り一辺倒→○通り一遍

「通り一遍」は、当たり障りのないことを意味する。×は、それと「一辺倒」が混ざり合った誤用。意味を成していない。

◉〝しくじる〟前にチェックしておこう②

×金にまかせて→○金にあかせて

漢字では「金に飽かせて」と書き、飽きるほどに金を使うという意味。「力にまかせて」という言葉があるところから、「金にまかせて」という誤用が生まれたとみられる。

×暇にまかせて→○暇にあかせて

これも、前項と同様。漢字では「暇に飽かせて」と書き、「暇があるのをよいことに、多くの時間を費やして」という意味。

×申し訳ない程度→○申し訳程度

「申し訳程度」は、ほんのわずかであることで、「申し訳程度の謝礼」などと使う。×は、謝礼などが少額すぎて、「申し訳ない」という気持ちが生んだ誤用か。

×3人ずつペアになって→○3人ずつ組になって

ペアは二人（二つ）一組になること。むろん「4人ペア」も、それ以上の数字も、ペアの本来の意味から考えるとヘンな表現。

×準備は万端→○準備万端(じゅんびばんたん)ととのう

「万端」は、すべての事柄という意味であり、「準備は万端です」では、意味が成立していない。「準備万端ととのいました」や「準備は万全です」ならOK。

×成功裏のうちに→○成功裏に

「裏」には「うち」という訓読みがあり、「成功裏に」は「成功のうちに」という意味。「成功裏のうちに」というと、「うちのうちに」という重語になってしまう。なお、「成功裡に」とも書き、「裡」にも「うち」という訓読み・意味がある。

×渾身の作品↓○渾身（こんしん）の力を込めた作品

「渾」には「すべて」という訓読みがあり、「渾身」は全身、満身という意味。だから、「渾身の作品」は「全身の作品」といっていることになり、意味が成立していない。「渾身の力を込めた作品」や「渾身の力を振り絞った作品」などと、言葉を補う必要がある。

◉正しく使ってこそ格調が高くなる

×華やかりし頃↓○華やかなりし頃

形容詞は、「若かりし頃」「遅かりし由良之助」などと使われる。ところが、「華やか」は形容詞ではなく、形容動詞であり、文語の終止形は「華やかなり」。そのため、「華やかなりし頃」といわなければならない。

×絶えまざる努力↓○弛まざる努力

「弛まざる努力」は「弛むことなく、努力しつづける」という意味。「絶えまざる」という言葉はなく、「絶え間なく」と「弛まない」を混同した言葉とみられる。なお、「絶え間ない努力」ならOK。

×霊験あらかた↓○霊験あらたか

神仏の霊力がはっきりあらわれるさま。「あらたか」は、神仏の力や薬の利き目が著しいさまを表し、漢字では一字で「灼」と書く。一方、「あらかた（粗方）」は大半という意味なので、霊験に続けても意味をなさない。

×雲の合間↓○雲の切れ間

「合間」は、物事が途切れる短い〝時間〟を表す言葉であり、空間的な隙間にはふさわしくない。空間的な隙間は「雲の切れ間」「行列の切れ目」などと表すのが適切。

×大つもごり↓○大つごもり

大晦日のこと。「も」と「ご」がひっくりかえりやすいので注意。「つごもり」は、その月の最後の日のことで、陰暦では月末に月が隠れることから、「つきごもり」が転訛したとみられる。

×空前のともしび↓○風前のともしび

風が当たり、今にも消えそうな火。そこから、滅ぶ寸前であることを意味する語。聞き間違えて覚えると、〝空前のともしび〟と誤ることに。

×ねむけまなこ↓○ねぼけまなこ

「眠気」という語はあるが、〝眠気眼〟という言葉はない。正しくは「寝惚(ぼ)け眼(まなこ)」で、寝ぼけた目つきのこと。

×こぼれ日↓○こもれ日

木や葉の間から光がこぼれてくることはあるが、〝こぼれ日〟という言葉はない。木の間から漏れてくる光は「木漏(こも)れ日」。なお、「木漏れ日」は、英語や他の言語に意味の似た語がなく、日本人の感性を象徴する言葉ともいわれる。

×祭日↓〇祝日

「祭日」は、戦前は国家的な行事として行われていた皇室の祭祀(さいし)の日。戦後、「国民の祝日」が制定され、制度上の「祭日」はなくなっている。会話では、目くじらを立てるほどのことではないが、文章を書くときには使い分けに注意したい。

×東京駅駅長↓〇東京駅長

役職名に駅、所、署、館などが入るときは、その漢字を重ねないのが原則。×研究所所長↓〇研究所長、×警察署署長↓〇警察署長、×図書館館長↓〇図書館長という具合。これは、役所などの辞令にそう書かれていることが、そもそもの理由。

×雪やこんこん↓〇雪やこんこ

唱歌『雪』の歌詞は「雪やこんこ、霰(あられ)やこんこ」であり、「雪やこんこん」ではないので注意。この誤用の〝歴史〟は古く、「雪がこんこんと降る」という形容は、この誤用から生まれたとみられる。

◉こういう「重複表現」していませんか？

×あらかじめ予約する↓○予約する

「予め」で「あらかじめ」と読むので、前者は重複表現になる。「前もって予約する」も、重複表現といえるだろう。

×いまだ未解決↓○未解決

「いまだ」は漢字では「未だ」と書く。こう書けば、明らかな重複表現であるとわかるはず。「いまだ未納」や「いまだ未完」もNG。

×思いがけないハプニング↓○ハプニング

ハプニングは思いがけないことという意味なので、「思いがけないハプニング」は不要な形容をつけていることになる。

×すべて一任する→○一任する

「一任する」は、すべてを任せるという意味。単に「一任する」か、「すべてを任せる」が正しい日本語。

×上空を見上げる→○空を見上げる

口語では使いがちな言葉だが、漢字で書くと、重複表現であることは明らか。そもそも、「上を見上げる」からして、相当滑稽な重複表現。

×各自めいめい→○各自

「各自めいめい、考えてみてください」などというが、明らかな重複表現。会話では許容範囲でも、文章ではNG。

×留守を守る→○留守を預かる

×は、口語では、つい使いがちな言葉だが、文章ではNG。単に「留守番する」と書いたほうが、まだマシ。

×一番最初→○一番

「一番」と「最初」は、同じ意味の言葉。「一番最初」を会話はともかく、文章に使うのはいただけない。「一番最後」「一番ベスト」「まず初めに」も文章ではNG。

×遺産を残す→○財産を残す

「遺」には「のこす」という訓読みと意味があり、「遺産を残す」は重複表現になる。少なくとも、文章では避けたい。

×孤立化させる→○孤立させる

「化」は、別のものになることを意味する接尾辞。「させる」と一緒に使うと、重複表現になることが多い。

×慎重に熟慮する→○熟慮する

「熟慮」は慎重に考えることなので、「慎重に熟慮いたしました結果」というお定まりのセリフは、〝重症〟の重複表現。短く「熟慮の結果」といえば、いいところ。

×連敗を続ける→○連敗する、連敗中

「連」のつく熟語、たとえば「連戦」「連投」「連射」「連写」「連騰」「連呼」などと「続ける」を組み合わせると、重複表現になる。「連勝する」など、熟語に「する」をつけてサ変動詞化（漢熟語に「する」をつけて動詞化すること）するといい。

×収入が入る→○収入を得る

前者は、文字で書くと、誰もが重複表現と気づくだろうが、口語ではよく使われている表現。文章では、後者のように書くのが望ましく、会話では「収入がある」「給料が入る」といえば、重複を解消できる。

×ひそかに私淑する→○私淑する

「私か」と書いて「ひそか」と読むので、×は「私かに私淑する」と書いていることになる。なお、「私淑する」は「私かに淑しとする」という意味。

4「教養のある人」だけが知っていること

◉地理と歴史に関するキーワード

×南氷洋→○南極海

南氷洋、北氷洋は旧称。新聞社などでは、今は南極海、北極海に統一している。

×ベニス（英語）→○ベネチア

イタリアの都市。かつてよく使われた「ベニス」は英語由来の名前。今は、イタリア語の音に近いベネチアを使う。さらに、現地音に近づけて、ヴェネツィアと書かれることもある。

×メナム川→○チャオプラヤー川

タイの中心部をながれる大河。かつての名、メナム川のメナムは普通名詞の川という意味。タイの人々が「メーナーム・チャオプラヤー」と呼んでいるのをメナムを川の名前と勘違いしたところから、広まった名。

×西サモア→○サモア

南太平洋の島国。ラグビーの強豪国で、ファンにはかつては西サモアとして知られた国。1997年に、サモア独立国に改名した。

×マッキンリー山→○デナリ

北米大陸の最高峰。かつては、アラスカをロシアから購入した当時の米大統領の名で呼ばれていたが、米国政府は2015年、現地でもともと使われてきた名に変更した。デナリとは先住民の言葉で、「偉大なるもの」という意味。

×グルジア→○ジョージア

同国は、2008年から、ロシア語由来の旧名「グルジア」から、英語由来の

「ジョージア」への変更を日本政府にも要請していた。国際的にも「ジョージア」と呼ぶ国が増え、日本政府も２０１５年から「ジョージア」に呼称を変更した。

×ボンベイ↓○ムンバイ

インドの都市名。かつての「ボンベイ」は英語名であり、現地音に近づけるため、表記が改められた。ほかに、カルカッタはコルカタに、マドラスはチェンナイに変更されている。

×揚子江↓○長江

「揚子江」は、もともと「長江」の下流の一部を指す名前。それが欧米人に誤用され、日本でも河全体を指す名として使っていた。それを改め、今は「長江」と呼んでいる。「長江文明」「長江上流」など。

×エアーズロック↓○ウルル

オーストラリアにある世界最大級の一枚岩。英国の探検家がつけた英語由来の名前から、先住民が呼んできた名前に変更された。

×大和朝廷→○ヤマト王権

奈良盆地を拠点とする古代政権は、３世紀後半には成立していたが、「大和」は８世紀から広く使われるようになった言葉。また、古代政権には「朝廷」と呼ぶにふさわしい政治体制が整っていなかった。そこで近年、学術書や教科書では「ヤマト王権」と書かれるようになっている。

×仁徳天皇陵（にんとくてんのうりょう）→○大仙（だいせん）陵古墳

学術的に、仁徳天皇の陵と断定できないため、学術書や教科書では「大仙陵古墳」と書かれるようになっている。旅行ガイドブックでも、「仁徳天皇陵（大仙陵古墳）」といった表記が増えている。「大山古墳」とも書かれる。

×歯舞諸島→○歯舞群島

２００８年、国土地理院が変更。返還運動や教育現場で、双方の名が使われ、多少の混乱が生じていたため。

◉毎日のニュースに関するキーワード

×国会が解散する↓○衆議院が解散する

国会は、衆議院と参議院の二院で構成されているが、参議院に解散はないため、「国会が解散する」ことはない。解散するのは「衆議院」だけ。

×参議院総選挙↓○衆議院総選挙

「総選挙」は議員総（すべ）てを改選するという意味で、衆議院にしか使わない。半数ずつ改選する参議院選挙は、単に「選挙」か「通常選挙」と呼ぶ。

×法案が成立する↓○法律が成立する

成立した時点で、法案ではなく、法律になっているはず。「法案」を使う場合は「法案が可決される」で同じ意味になる。「予算」も同様で「予算案が成立する」は×。「予算が成立する」「予算案が可決される」が正しい。

×終戦記念日→○終戦の日

終戦は、記念するようなことではないので、マスコミでは「終戦の日」という言葉を使っている。「原爆記念日」も使わず、「原爆の日」と呼んでいる。

×瞬間最大風速→○最大瞬間風速

「瞬間風速の最大値」のことなので、最大が先にくるのが正しい。テレビ・ラジオでも間違って使われることが多く、一般の人も間違えて覚えるようになってしまった言葉。

×異常乾燥注意報→○乾燥注意報

昭和の時代には「異常」がついていたのだが、昭和が終わる直前の1988年4月1日から「乾燥注意報」が使われている。

×熱帯性低気圧→○熱帯低気圧

「熱帯性低気圧」は、かつて使われていた言葉。今は「熱帯低気圧」に統一されている。

×休火山↓○活火山

かつて１００年以上噴火していない山は「休火山」と呼ばれていたが、１９７９年、２０００年以上噴火していなかった山が噴火したこともあって、この呼称は廃止された。

×標高ゼロメートル地帯↓○海抜ゼロメートル地帯

「標高」と「海抜」は同じ意味の言葉だが、「ゼロメートル地帯」と続けるときには、「海抜」を使うのがお約束。

5 どうしてその「書き間違い」は起きるのか

◉基本の言葉ほど、「書き間違い」が起きる

×かって→○かつて

口語では〝かって〟と促音（小さな「っ」で表す音）にしがちだが、「かつて」が正しい表記なので、文章ではこう書きたい。ワープロソフトでも、「かつて」は「嘗て」「曾て」と変換されるが、「かって」は「勝手」になるだけ。

×どおりで→○どうりで

「言葉どおり」「評判どおり」など、「どおり」と書く言葉が多いので、文章を書き慣れている人でも、間違いやすい言葉。「どうりで高いはずだ」などとい

うときは、漢字で書くと「道理で」なので、「どうり」と書くのが正しい。

×隣り↓〇隣

政府は、送り仮名に関して「送り仮名の付け方」を内閣告示し、ガイドラインを示している。「隣」は、その告示で、送り仮名をつけない例としてあげられている言葉。ほかに、頂（いただき）、卸（おろし）、係、話、光、巻、折なども、名詞として使う場合には、送り仮名をつけないとされる。なお「隣り合う」など、動詞として使う場合には、送り仮名をつける。

×日付け↓〇日付

送り仮名に関する内閣告示は「複合語のうち、次のような名詞は、慣用に従って、送り仮名をつけない」として、言葉を例示している。「日付」はその一例で、ほかに番付、売上、貸付、繰越、小売、積立、取扱、見積、夕立、植木などがあげられている。むろん、名詞として使う場合に限った話で、動詞化すると「貸し付ける」「繰り越す」などと書く。

×と言えども→○と雖も、といえども

「いえども」は、「いふ」の已然形に助詞の「ども」がついた言葉。漢文の「雖」の訓読に使われて広まり、漢字では「雖も」と書く。現在では「いえども」とひらがなで書くのが普通。

×事さら→○殊更、ことさら

わざわざ、故意にという意味。「殊更ぶ」（わざとらしく見えるという意味）という古語があり、それが現代に残った形なので、漢字で書くとすれば「殊更」。今はひらがなで書くのが普通。

◉簡単に書けそうだからこそ間違える

×玉に傷→○玉に瑕

すぐれたものに、欠点があるさま。この「玉」は、宝石のこと。「瑕」は、傷だけでなく、曇りや汚れを含めたさまざまな欠陥を表す。

×卑しくも↓○いやしくも、苟も

「苟も○○ともあろう者が」などと使う。「苟も」は、今はひらがなで書くのが普通。

×お角違い↓○お門違い

この「門」は、家の意味。そこから、「お門違い」は家・人を間違えるという意味で、「お門違いのお尋ねのようですが」などと使われている。

×明からさま↓○あからさま

「隠さずに」「露骨な」という意味のこの言葉は、×のようには変換されないはず。漢字では「白地」という特殊な書き方をする。

×プラス志向↓○プラス思考

「プラス思考」は「マイナス思考」の反対語であり、「思考」を使う。一方、「権力志向」や「上昇志向」は「志向」と書く。

×真っしぐら→○まっしぐら、驀地

漢字では「驀地」と書き、「真」という漢字は登場しない。

×こじんまり→○こぢんまり

こぢんまりは、接頭語の「こ」＋「ちんまり（小さくまとまっているさま）」が濁音化した言葉。もととなる語は「ちんまり」なので、「こぢんまり」と書く。

×至難の技→○至難の業（わざ）

成就させることが、ひじょうに難しい事柄。「むずかしいワザ」という意味ではないので、「技」と書いてはダメ。

×引いては→○延いては、ひいては

「ひいては、○○にも影響する」などと使う「ひいては」は、漢字では「延いては」と書く。ただし、難読なので、ひらがなで「ひいては」と書くのが一般的になっている。

◉キチンと書けるようにしたい言葉

×崖っ淵↓○崖っ縁（ぷち）

「淵」と「縁」は、意味の違う言葉。「淵」は「瀬」（浅いところ）の反対語で、水を深くたたえている場。一方、「縁」はもののへり、はしを意味する。「崖っぷちに立たされる」などと使う「崖っぷち」には、もののはしである「縁」がふさわしい。

×ご最も↓○ご尤も、ごもっとも

「ごもっともです」は、「そうおっしゃるのも当然です」という意味。書くときは、「ご最も」は×で、「ご尤も」と書く。ひらがなで「ごもっとも」と書くのが無難。

×初期の目的↓○所期の目的

「所期」は「期待している所の」という意味。現在では、ほぼ「所期の目的」

という形でしか使われない言葉。始まりに近い時期を意味する「初期」とは、違う意味なので注意。

×悲愴な決意→○悲壮な決意

悲しみながらも、勇ましさが感じられるときは「悲壮」を使う。一方、「悲愴」の「愴」には「いたましい」という訓読みがあり、決意の形容には似合わない。なお、チャイコフスキーの交響曲のタイトルは『悲愴』のほう。

×例え雨が降ろうが→○たとえ雨が降ろうが

「たとえ」は、大手マスコミでは、おおむね「例え」と書いてOKということになっている。ところが、現実は、もう少し微妙で面倒。見出し語の「たとえ」(もし~ならばという意味)は、本来は「仮令」と書くため、「例え」と書くと間違いと感じる人もいるので、ひらがなで「たとえ」と書いたほうがいい。また「例え話」も、「譬え話」のほうがしっくりくる書き方なので、「たとえ話」をおすすめしたい。接続詞の「たとえば」は「例えば」でもOK。

×到着しだい↓○到着ししだい

この「しだい」は、漢字では「次第」と書く。「○○がすんだらすぐに」という意味で、動詞の連用形の後ろにつく。見出し語の「到着」は名詞なので、文法上正しい言葉にするためには、「し」をつけてサ変動詞にする必要がある。ただ、「し」がふたつ続くと発音しにくいため、前者のようにいう人が多いのが現実。文章に書くときは、後者のように書くのが望ましい。

×乗るか反るか↓○伸るか反るか

「伸るか反るか」とは、指がまっすぐ伸びるか、反り返るかという意味。ただし、「伸る」と書くと、今では「のる」と読めない人が増え、誤記とも思われかねないので、「のる」とひらがなで書くのが無難。

◉間違えたまま覚えていませんか〈動詞編①〉

×立たずむ↓○佇む、たたずむ

「たたずむ」には「佇む」という〝専用漢字〟があるので、「立たずむ」と書くことはできない。「佇む」は難読なので、ひらがなで書くとよい。

×空んじる↓○諳じる、そらんじる

○は「詩の一節を諳じる」など、暗記していることを口にすること。「諳じる」という難読の〝専用漢字〟があるため、ひらがなで書くのが普通。

×当てがう↓○あてがう、宛がう

漢字では「宛がう」、あるいは「宛行う」と書くので、「当」の字は使えない。「宛行扶持」で、「あてがいぶち」と読む。

×聴こえる↓○聞こえる

「聴く」は「ラジオを聴く」「音楽を聴く」など、自分の意思で注意してきく場合にかぎって使う書き方。しぜんに「きこえる」場合には、使えない。

×見い出す↓○見出す、見いだす

「みいだす」は、見るの連用形「み」＋「出だす」なので、漢字では「見出す」

と書く。ただし、これでは〝みだす〟と読まれかねないので、近年は「見いだす」とひらがなで書くことが多くなっている。

◉間違えたまま覚えていませんか〈動詞編②〉

×崇る→○祟る（たたる）

「崇」と「祟」は、違う漢字なので注意。ワープロ時代になって減ってはいるものの、かつては両者を混同した誤植をよく見かけた。「崇」は「崇める」と送り仮名を送って「あがめる」と読むが、〝崇る〟という言葉はない。一方、「祟る」は「たたる」と読む。

×膝まずく→○跪く、ひざまずく

プロのライターも駆け出しの頃、一度は「膝まずく」と書いて叱られ、体で覚える言葉。「跪く」という〝専用漢字〟があるので、「ひざ」だけを漢字にすることはできない。とはいえ、「跪く」は難読なので、「ひざまずく」とひらがなで書くのが普通。

×出食わす↓○出くわす

「でくわす」は、漢字では「出会す」と書く。ただ、特殊な読み方であるため、「出くわす」と書くのが一般的。この場合の「くわす」は食べさせるという意味ではないので、「出食わす」と書いてはいけない。

×動めく↓○うごめく、蠢く

「蠢く」という〝専用漢字〟があるので、×のようには書けない。ただし、難読なので、ひらがなで書くのが普通。

×散りばめる↓○鏤める、ちりばめる

「鏤める」という〝専用漢字〟があるため、「ダイヤを散りばめる」などと「散る」だけを漢字で書くのはNG。ただし、「鏤める」は難読なので、「ちりばめる」とひらがなで書くのが普通。

◉間違えたまま覚えていませんか〈動詞編③〉

×散らつかせる→○ちらつかせる

○は、「ちらちらさせる」という意味。その「ちら」が接頭辞として頭についた動詞であり、「散る」わけではないので、漢字で書くのはＮＧ。

×持たらす→○齎す、もたらす

もってくるという意味の「もたらす」は、漢字では「齎す」と書く。「持つ」の変化形と思い、「持たらす」と書いてはダメ。ただし、「齎す」を読める人は少ないので、「もたらす」と書くのが常識的な表記。

×裏ぶれる→○うらぶれる、心ぶれる

現在は、落ちぶれるという意味で使われているが、もともとは心の拠(よ)りどころがなくなるという意味。「心ぶれる」と書くが、いまは「うらぶれる」とひらがなで書くのが普通。

×（条約が）発行する→○発効する

「発効」は、法律や条約の効力が発生すること。「はっこう」は発酵、発光、発向、薄幸など、変換候補が多いので、誤変換に注意。

×の恐れがある→○の虞がある、おそれがある

「おそれ」は、漢字では三つの書き方があり、恐怖には「恐れ」、心配や不安には「虞」、畏まるときには「畏れ」を使う。「～のおそれがある」は、何かよくないことがあるという心配なので、「虞」がふさわしい。ただし、常用漢字外の難読漢字なので、今では、ひらがなで書くのが一般的。

×目が座る→○目が据わる

酒に酔ったりして、瞳が動かなくなるさま。「据わる」には「動かなくなる」という意味がある。なお、「腹が据わる」「肝が据わる」も「据わる」を使い、「座る」と書くのは誤り。

×手離しで喜ぶ→〇手放しで喜ぶ

遠慮なく喜ぶさま。束縛から放たれたさまなので、「手放し」と書く。一方、体操の鉄棒で、鉄棒から手をはなす技は、物理的に手を「離す」ので、「手離し技」とも書く。

〇道が混む、〇道が込む

平成22年の常用漢字表の改定まで、「混」に「こむ」という訓読みは認められていなかった。そのため、「道が込む」「人込み」が正しく、古いワープロソフトではそう変換されていた。現在は「道が混む」「人混み」もOKになっている。「道がこむ」とひらがなで書く手もある。

×手が混む→〇手が込む

手間がかかっているさま。この「込む」には、複雑に入り込むという意味があるので、こちらは依然、「混む」と書くと間違いになる。

◉間違えたまま覚えていませんか〈動詞編④〉

×（フライパンに）油をしく→○油をひく

近年、インターネット上のレシピをめぐる文章で、誤用が目立つ表現。「しく（敷く）」でも意味が通じるため、誤用が広まったのだろう。ほかに、電線や水道管は「ひく（引く）」、布団は「しく（敷く）」が正しい。

×挙げつらう→○論う

「あげつらう」は、欠点をことさらに言い立てるという意味で、漢字では「論う」と書く。×のように、一部だけを漢字で書くと間違いになる。

×目を見張る→○瞠る、みはる

「みはる」には「瞠る」という〝専用漢字〟がある。難読なので、ひらがなで「みはる」と書くか、「目を見開く」と言い換えるとよい。

×苔蒸す↓○苔生(む)す

苔が生えることで、「苔生す」という当て字が使われてきた。ただし、読める人は少ないので、「苔むす」と書くのが一般的。なお、「草むす屍」の「むす」も、漢字では「生す」と書く。

×通りがかる↓○通りかかる

動詞として使うときは、濁らないで「通りかかる」というのが正しい。ところが、これが名詞化すると、「通りがかり」と濁音になるのだから、日本語は難しい。

×待ち詫びる↓○待ち侘びる、待ちわびる

心細く思いながら、待つさま。「まちわびる」と打って変換すると、「待ち詫びる」と出るワープロソフトがあるので注意。今では「待ちわびる」と書くのが普通。

×多岐に渡る↓○多岐にわたる

漢字では「多岐に亘る」と書くが、「亘」が常用漢字外であるため、一般には「多岐にわたる」と書かれるようになった言葉。音につられて、〝渡る〟と書く

と間違いになる。

×焼土と化す→○焦土と化す

「焦土と化す」は、爆撃などで焼け野原となること。一方、「焼土」は消毒などのため、土地を焼くこと。

×船を漕ぐ→○舟を漕ぐ

居眠りするという意味の慣用表現では、「舟」を使う。この語にかぎらず、人が漕いで動かせるほどの、小さな「ふね」は「舟」と書く。

×凌ぎを削る→○鎬（しのぎ）を削る

激しく争うさま。この鎬は刀の部位名。その部分を削り合うほど、激しく戦うという意味。「凌ぎ」と誤変換しないように。

×現物と見比べる→○原物と見比べる

偽物らしい物と見比べるのは、もとの本物という意味の「原物」。「原」には

「もと」という訓読みがある。一方、「現物」は今ここにある物という意味。「現物支給」はこちらを使う。

×好意に報いる↓○厚意に報いる

「厚意」は、親切な気持ち。そうした気持ちに応じるという意味なので、「厚意に報いる」と書く。

×肝に命じる↓○肝に銘じる

心に刻みつけること。「めいじる」と打ったとき、「命じる」としか出ないワープロソフトもあるので、誤変換に注意。

◉その状況・状態を正しく説明できますか

×人語に落ちない↓○人後に落ちない

人に後れをとらないという意味なので、「人後」と書く。

×関心に堪えない↓○寒心に堪えない

心配でたまらない。「関心」や「感心」に誤変換しないように。「寒心に堪えない」の「堪えない」は、気持ちをおさえられないという意味。

×一部の隙もない↓○一分の隙もない

「一分」は、程度がわずかなこと。

×陰が薄い↓○影が薄い

「陰」と「影」は成句によく登場するが、その書き分けは、かなり面倒な作業。以下、例をあげると、「陰になり日向になり」と「陰で糸引く」は「陰」、「影が差す」や「影をひそめる」は「影」を使う。すべて「かげ」とひらがなで書くのが、最も安易かつ無難な方法。

×たあいない↓○たわいない

しっかりしていないさま。古くは双方とも使われていたが、今は後者が一般的。なお、「他愛ない」と書くのは当て字で、新聞などでは使わないようにしている。

6 日本語のプロを迷わせる「書き間違い」の話

◉その書き方、間違いだったんだ！

×子ども日↓○こどもの日

「国民の祝日に関する法律」の表記にしたがい、「こどもの日」と書くのが正しい。むろん、「子供の日」も×。

×食料難↓○食糧難

「食糧」は、穀物などの主食物。「食料」は食べ物全体。戦後の食べ物不足は、とりわけ主食の不足が問題だったので、「食糧難」を使う。「食料（糧）事情」や「食料（糧）不足」は、どちらも使う。

×鐘乳洞↓〇鍾乳洞

「鍾」は「鐘」とは違う漢字なので、書くときは注意。続けて打つと、正しく変換される。

×朝漬け↓〇浅漬け

かるく漬けた漬物。朝食に食べることが多くても、〝朝漬け〟は×。なお、浅漬けの対義語は「深漬け」。

×海草サラダ↓〇海藻サラダ

植物学的には、ワカメやコンブなど、サラダに使われる海中植物は、「海草」ではなく、「海藻」に分類される。だから、厳密にいうと「海藻サラダ」と書くのが正しい。サラダ以外の言葉でも、「ワカメなどの海草」はNG。

×食当たり↓〇食あたり

漢字では「食中(あた)り」と書くので、「当たり」とは書けない。ほかに、「暑気あたり」「湯あたり」「毒にあたる」も、「中る」を使うので、「当」は使えず、今はひらがなで書くのが普通。

×建国記念日→○建国記念の日

法律には「建国記念の日」と書かれている。会話はともかく、文章では正しく書きたい。

×三社祭り→○三社祭（さんじゃまつり）

葵祭、祇園祭などを含め、特定の祭の名前は「り」を送らないことが多い。

×歳事記→○歳時記

俳句の季語を分類して、例句などを載せた本。ワープロで「さいじき」と打てば正しく変換されるが、手書きのときは注意。

×（稲の）成育状況→○生育状況

「成育」は「子供の成育」など、人や動物に使う言葉。一方、「生育」は植物が対象。同様に、「成長」は人や動物、「生長」は植物に使う。

×ほうずき市→○ほおずき市

内閣告示の「現代仮名遣い」では、「オ列の長音は、オ列の仮名に『う』を添える」ことを原則としている。要するに、「おとおさん」ではなく、「おとうさん」と書くという意味。ただし、例外もあって、歴史的仮名遣いで「ほ」と書いたものは、「お」と書くとしている。「ほおずき」はその一例。かつて「ほほずき」と書いていたので、「ほおずき」となる。ほかに、「おおかみ（狼）」や「おおやけ（公）」などが、この例に当たる。

×棒高飛び→○棒高跳び

「ぼうたかとび」と続けて打って変換すると、正しく表示されるが、「ぼう・たかとび」と分けて打つと、間違いやすいので注意。

×立法メートル→○立方メートル

変換ミスしやすく、なぜか一度誤ると、あとで気づきにくい間違いなので、念のためとりあげておく。

◉「地名」を書き間違えないための〝勘所〟

×玄海灘→○玄界灘（げんかいなだ）

九州北の海域名で、この「玄」は黒いという意味。「げんかい」までで変換すると「玄海」と出ることが多いので注意。なお、佐賀県の町は「玄海町」、原発名も「玄海原子力発電所」と書き、「玄海」は玄界灘の別名。

×大隈半島→○大隅半島

大隈（おおくま）と大隅（おおすみ）には、ご注意のほど。２０１６年、大隅良典・東京工業大学栄誉教授がノーベル賞を受賞したときには、マスメディアも「大隈」と書き誤るケースが続出した。

×鹿島市→○鹿嶋（かしま）市

鹿島神宮、鹿島アントラーズ、鹿島臨界工業地帯は「鹿島」と書くが、自治体名は鹿嶋市。鹿島町が市に昇格する際、鹿島市と名乗りたかったのだが、すでに佐賀県に鹿島市があったため、鹿島を使うことができず、「鹿嶋市」と書くようになったという経緯がある。

×しらす台地↓○シラス台地

九州南部の火山灰土の台地。漢字では「白砂台地」と書くが、慣用的にカタカナで書く。なお、「しらす干し」は、漢字では「白子干し」と書く。

×しまなみ街道↓○しまなみ海道

本州四国連絡橋ルートの一つ。なお、「海道一の大親分」（清水次郎長のこと）も、「街道一」ではない。こちらの「海道」は東海道の略。

×奄美諸島↓○奄美群島

2010年2月、国土地理院の地名表記が「奄美諸島」から「奄美群島」に変えられた。それ以前から、海上保安庁などの「海図」では「群島」が使われていて、そちらに統一されたもの。

×（博多の）中州↓〇中洲

「中洲」は、博多の歓楽街。「洲」が表外字であるため、普通名詞としての川の「なかす」は「中州」と書く。

×江の島電鉄↓〇江ノ島電鉄

だから、「江ノ電」と略す。一方、藤沢市内の地区名としては「江の島」とひらがなの「の」を使い、湘南モノレールの駅名も「湘南江の島」と書く。

×多摩霊園↓〇多磨霊園

東京の多摩地区にある霊園は、「多磨霊園」と書く。霊園近くの西武鉄道多摩川線の多磨駅も「多磨」と書く。ともに、「多摩」と書き誤りやすいので注意。

×四国八十八か所↓〇四国八十八ヶ所

固有名詞なので、「か」ではなく「ヶ」を使うところまで正しく書きたい。

×墨田川↓○隅田川

川の名は「隅田川」、区名は「墨田区」。「すみだがわ」「すみだく」とすべて打ってから変換キーを押すと、正しく変換されるが、「すみだ・がわ」「すみだ・く」と分けて打つと、混同しやすいので注意。

×希望峰↓○喜望峰

アフリカ大陸の最南端とされた岬。「きぼうほう」と続けて打つと「喜望峰」と正しく変換されるが、「きぼう・ほう」と分けて打つと、「希望」が最初に出てくることが多いので注意。

×陜西省↓○陝西省（せんせいしょう）

よくご覧あれ。「陜」と「陝」は違う文字。中国の中央部にあり、黄土高原が広がる省。

×新彊（しんきょう）ウイグル自治区↓○新疆（しんきょう）ウイグル自治区

「彊」（つよいと訓読みする）と「疆」は違う漢字なので注意。「疆」には「さかい」という訓読みがあり、「はて」という意味がある。確かに、新疆ウイグル自治区は、中国にとって、歴史の浅い新しい国境地帯である。

×淅江省↓○浙江省（せっこうしょう）

中国の臨海部の省。上海市の南にある省。「せっこうしょう」と打っても出ないワープロソフトが多いため、漢字辞書で探すうち、間違うことになりやすい。

×太洋州↓○大洋州

オセアニアのこと。なお、太平洋は「太」で、大西洋は「大」を使うことを確認しておこう。「太平洋の真ん中には〝ハワイ〟（太の点のこと）がある」と覚えれば、混同しなくなる。

×バグダット↓○バグダッド

小さな「ッ」以外、すべて濁る。バグダット、バクダッド、バグダットなどと、グとドを清音にしやすいので注意。なお、スペインの首都マドリッドも「ド」と濁るが、マドリットと発音する人が少なくない。

×ハンブルグ→○ハンブルク

ブルクは「城」という意味。こちらは、日本人は「グ」と濁りやすいが、ニュルンベルク、ハイデルベルク（以上ドイツ）、ザルツブルク（オーストリア）、サンクトペテルブルク（ロシア）、ヨハネスブルク（南アフリカ）、ルクセンブルク（国名）は、すべて「ク」。

×ブタペスト→○ブダペスト

ハンガリーの首都。綴りは「Budapest」。「ぶた」という耳慣れた音につられて、「ブタペスト」と発音しないように。

◉「歴史用語」を書き間違えないための勘所

×太宰府の長官→○大宰府の長官

現在の太宰府市や太宰府天満宮は、「太宰府」と書く。一方、歴史上の政庁の名は、「大宰府」。プロのライターも、「太」と「大」を一度は書き間違えて、校閲の専門家に直されることになりがちな地名。

×壇の浦の戦い→○壇ノ浦の戦い

源平合戦の最後の戦いとなった場所は、「壇ノ浦」。なお『壇浦兜軍記（かぶとぐんき）』（浄瑠璃）など、「壇浦」と書く場合もある。

×関が原の戦い→○関ヶ原の戦い

古い地名表記が関ヶ原なので、「関ヶ原の戦い」と書く。ただし、現在の町名は関ケ原と大きなケを使う。

×虎の門事件→○虎ノ門事件

江戸城の門の一つは「虎ノ門」と、「ノ」をカタカナで書く。そのため、昭和天皇が摂政時代、同門通過中に狙撃された事件は「虎ノ門事件」と書く。また、現在の地名、東京メトロの駅名も「虎ノ門」。ところが、有名な病院は「虎の門病院」と書く。

×柳条溝事件↓○柳条湖事件

満州事変の発端となった関東軍による満州鉄道爆破事件。日本では、長らく「柳条溝事件」と呼ばれていたが、１９８０年代、柳条溝というのは当時の新聞の誤記であり、柳条湖が正しい地名であることが判明、以後、柳条湖事件に統一されてきた。

×蘆溝橋事件↓○盧溝橋事件

１９３７年7月、日中戦争の発端となった武力衝突。かつては、両方の表記が混在していたが、１９８７年、中国が地名を「盧溝橋」に統一。以後、事件名の表記も「盧溝橋事件」に統一された。

◉正しい言い方は濁る？　濁らない？

×アボガド↓○アボカド

綴りはavocadoなので、「カ」は濁らないで読むほうが原音に近い。なお、日本では昭和40年代まで、その皮の感じから「鰐梨（わになし）」と呼ばれていた。

×バトミントン↓○バドミントン

綴りは、badminton。インド発祥の球技が英国のバドミントン荘で公開されたことから、この名になったという説がある。

×エキシビジョン↓○エキシビション

公開演技、模範試合。綴りはexhibition。放送局では昔から「〜ション」と読んでいるのだが、「ビジョン」という人が多いのは、「ビジョン」(vision) という単語があることや「テレビジョン」の影響か。

×テトラポット↓○テトラポッド

Tetrapodと綴るので、最後は濁音になる。日本人は最後の「ド」を「ト」と発音しがちなので、注意。たとえば、ベットは×で、正しくはベッド (bed)。カーバイトは×で、正しくはカーバイド (carbide)。サラブレットは×で、正しくはサラブレッド (thoroughbred) など。

×（絵の）キャンパス↓○キャンバス

綴りはcanvas。語源は、ギリシャ語の「麻」を意味する言葉。一方、大学のキャンパスはcampusと綴る。

×（衣服の）スモッグ↓○スモック

綴りは、smock。幼稚園児などが着ているゆったりした上っ張りのこと。なお、スモッグ（smog）は、大気汚染の一種で、smoke（煙）とfog（霧）の合成語。

×（紅茶の）ティバック↓○ティバッグ

綴りはteabag。袋・かばんはbagと綴るので、「ハンドバック」（○ハンドバッグ）、「トートバック」（○トートバッグ）も×。なお、下着のほうは、後ろ(back)がT形という意味なので、「ティバック」でOK。

×ハイブリット↓○ハイブリッド

雑種、混成物のこと。hybridと綴るので、後者が原音に近い。「ハイブリット・カー」などと言わないように。

×キャスティングボード→○キャスティングボート

英語ではcastingvoteと綴り、「ボート」と濁らずに発音するのが正しい。本来は、議会で賛否同数のとき、議長が投じる一票を指す。今は、二つの多数派の間で賛否が分かれたとき、少数派が決定権を握るという意味で使われている。

×バッティング・ゲージ→○バッティング・ケージ

打者が入る籠のような場所。籠はcageなので「ケージ」が正しい。寸法などを意味する「ゲージ」（gauge）とは別の単語。

×ボートセーリング→○ボードセーリング

綴りはboardsailingなので、「ド」と濁る。ウインドサーフィンと同じ競技だが、こちらは商標登録されているので、ＮＨＫなどでは、ボードセーリングを使っている。

第2章

小学校で習うのになぜか間違える「漢字」

1 「小学校」で習った漢字でも、まあまあ手強い①

◉「一」を正しく読み分けてください。

□一に
〔いつ〕　ひとえに。「成否は、一に彼にかかっています」などと使われる。

□一寸
〔ちょっと〕　すこし。わずか。「いっすん」とも読み、こちらは約3センチのこと。

□一幕物
〔ひとまくもの〕　歌舞伎などで、一幕で完結する物語。×いちまくもの。

□一足飛び
〔いっそくとび〕　目的地に一気に到達すること。「一足飛びに現地に向かう」など。

◉「二」を正しく読み分けてください。

□二十歳

〔はたち〕　「20歳」とアラビア数字で書いたときは「にじゅっさい」でもＯＫ。一方、漢字で「二十歳」と書いたときは「はたち」と読むもの。

□二四六九士

〔にしむくさむらい〕　「小の月」は2月、4月、6月、9月、11月であることの語呂合わせ。太陽暦で、ひと月が31日に満たない月のこと。

□二親

〔ふたおや〕　両親のこと。「二親と死に別れる」、「二親の顔を見比べる」など。

□二進も三進も

〔にっちもさっちも〕　行き詰まり、身動きがとれないさま。どうにもこうにも。算盤に由来する言葉で、「二進も三進もいかなくなった」などと使う。

◉「上」を正しく読み分けてください。

□上人

〔しょうにん〕 僧侶に対する尊称。「ご上人様」など。

□上一人

〔かみいちにん〕 天皇、国王のこと。上位の第一人者という意味でつかわれる。

□上期

〔かみき〕 会計年度の前半の半年間のこと。「下期」は「しもき」と読む。

◉「中」を正しく読み分けてください。

□中厚

〔ちゅうあつ〕 中程度の分厚さ。「なかあつ」と読まないように。

□中人

〔ちゅうにん〕 入場料などで、大人と小人（子供）の間の年齢層。「中人料金」など。

□中限

〔なかぎり〕　先物取引の用語。「当限」は「とうぎり」、「先限」は「さきぎり」と読む。

□最中

〔さなか、さいちゅう、もなか〕　「さなか」「さいちゅう」と読むと、真っ只中という意。「もなか」とよむと、和菓子のひとつ。

◉「外」を正しく読み分けてください。

□外題

〔げだい〕　本の表紙(外)に記した題名のことで、今は歌舞伎の題名を指すことが多い。

□思いの外

〔おもいのほか〕　考えていたこととは違って、という意。「思いの外、早く到着する」など。

□外断熱

〔そとだんねつ〕　屋根や壁など、建物の「外側」のもので断熱する方法。一方、「内断熱」は「うちだんねつ」と読む。

□外法

〔げほう、そとのり〕　「げほう」と読むと、仏教以外の思想や宗教。

「そとのり」と読むと、物の外側を計った寸法。こちらの対義語は「内法（うちのり）」。

◉「悪」を正しく読み分けてください。

□悪阻

□悪戯

□悪寒

□悪し様

〔つわり〕　妊娠初期の吐き気、嘔吐、食欲不振などの症状のことをいう。

〔いたずら〕　わるふざけ、無益なたわむれ。「ちょっとした悪戯」、「子供の悪戯」など。なお、「徒（いたずら）に」は、「無用に」「無益に」という意味で、「徒に時間を費やす」などと使う。

〔おかん〕　発熱時などに、ぞくぞくと感じる寒け。「悪寒がする」、「背筋に悪寒が走る」などと使う。

〔あしざま〕　実際よりも悪いさま。おもに、悪く言い立てるさまに使い、「悪し様に言う」、「悪しざまに罵る」など。

□**好悪**

〔**こうお**〕　好き嫌い。「好悪の差が激しい」など。「悪」は憎む、嫌うという意味では「お」と読む。「嫌悪」や「憎悪」など。

◉「曲」を正しく読み分けてください。

□**曲者**

〔**くせもの**〕　あやしい者、一筋縄でいかない者。「曲者だ！　であえそうらえ」など。×まがりもの。また、「曲事」は「くせごと」と読み、正しくないこと、一筋縄ではいかない事柄。

□**曲物**

〔**まげもの**〕　前項の「者」が「物」に変わると、こう読む。木材を曲げて作った器のことで、「曲物細工」など。

□**曲尺**

〔**かねじゃく**〕　直角に曲がった金属製のものさし。おもに建築用に使う。

□**曲輪**

〔**くるわ**〕　城内の建物、スペース。あるいは、遊廓のこと。遊廓を意味する場合は「廓」と書くことが多く、「廓通い」など。

2 「小学校」で習った漢字でも、まあまあ手強い②

◉「向」を正しく読み分けてください。

□一向

〔ひたすら、いっこう〕「ひたすら」と読むと「いちずに」という意。「一向に」と助詞の「に」がつくと、「いっこうに」と読み、「すこしも」という意味になる。

□陰日向

〔かげひなた〕日の当たらない場所と、当たる場所。「陰日向がない」は、人が見ていても見ていなくても、態度が変わらないという意味。

□向日葵

〔ひまわり〕夏に大きな花をつける植物。こう書くものの、「太陽を追って花が回る」というのは俗説。

◉「実」を正しく読み分けてください。

□**実生**
〔みしょう〕　植物が接ぎ木や挿し木ではなく、種から芽を出して育つこと。

□**実しやか**
〔まことしやか〕　本当らしく見せるさま。「実しやかな話」が定番の使い方。「真しやか」とも書く。

□**実物**
〔じつぶつ、みもの〕　「じつぶつ」と読むと、現物、実際の物という意味で、「実物大」、「実物支給」など。一方、「みもの」は実のなる植物のこと。

□**花を捨てて実を取る**
〔じつ〕　名を捨てて、実質を得ることのたとえ。文字の上では、花と実を対応させているのだが、この実は「じつ」と読む。

□**実入り**
〔みいり〕　穀物などの実の入り具合。あるいは、収入、儲けのこと。「実入りのいい商売」など。

◉「主」を正しく読み分けてください。

□主水

□主

□お主

□法主

〔もんど〕 昔の官職名で、本来は水を司る役割。昔の名前にも使われ、「中村主水」など。

〔あるじ、しゅ、ぬし〕 「あるじ」は主人のこと。キリスト教では、「しゅ」と読み、イエス・キリストのこと。「沼の主」など、「ぬし」と読むこともある。

〔おぬし〕 「主」を「ぬし」と読むと、ボスを意味するが、「お主」というと、同輩以下に使う二人称になる。「おまえ」に近い意味。

〔ほうしゅ、ほっす、ほっしゅ〕 もとは「仏」のことだが、今は宗派の長を指すとが多い。宗派の違いによって、いろいろな読み方をする。

□主筋

〔しゅうすじ、しゅすじ〕　主君の血筋、主君の関係者。広辞苑は「しゅうすじ」を見出し語にしている。

◉「酒」を正しく読み分けてください。

□御神酒

□濁酒

□茅台酒

□老酒

〔おみき〕　本来は、神に供える酒のことで、「神棚に御神酒を供える」など。そこから、酒のことをシャレていう言葉。「御神酒徳利」は、比喩的にいつも一緒にいる仲のいい二人を指す。御神酒を一対の徳利に入れて、供えることから。

〔どぶろく〕　発酵させただけの白く濁った酒。なお、「濁り酒」と送り仮名をつけると、「にごりざけ」と読む。

〔マオタイチュウ〕　コーリャンを原料とする中国の蒸留酒。日本では「マオタイしゅ」ということもある。

〔ラオチュウ〕　中国の醸造酒の総称。あるいは、紹興酒（紹興産の醸造酒）を長期間保存したものという意味に使われる場合もある。

□三鞭酒

〔シャンパン〕　シャンパンは、漢字ではこのように書く。もちろん当て字。

◉「神」を正しく読み分けてください。

□神々しい

〔こうごうしい〕　気高く、おごそかなさま。「神々しい日の出」など。

□御神輿

〔おみこし〕　神霊をのせる輿。比喩的に、大勢で担ぎ上げる人物のこと。

□神楽

〔かぐら〕　神前で行う歌舞。「神楽を舞う」、「神楽囃子」など。

□神器

〔じんぎ〕　古くは「しんき」「しんぎ」とも読んだが、今は「じんぎ」と読むのが一般的。神から与えられた宝器のことで、「三種の神器」など。

□御神火

〔ごじんか〕　火山の噴火を神聖視した表現。×ごしんか。

◉「真」を正しく読み分けてください。

□**真名**

□**真行草**

□**真秀ろば**

□**真砂**

□**真っ当**

□**真魚鰹**

〔**まな**〕　漢字のこと。「仮名」の対義語であり、正式な文字という意味。

〔**しんぎょうそう**〕　漢字の三つの書体、真書（楷書）、行書、草書の総称。

〔**まほろば**〕　すぐれた立派な場所。「大和は国の真秀ろば〜」。

〔**まさご**〕　こまかな砂。「浜の真砂は尽きるとも　世に盗人の種は尽きまじ」は、石川五右衛門の辞世と伝えられる歌。

〔**まっとう**〕　まともなさまで、「真っ当に生きる」など。一方、「全う」は「まったく」の音便化した語で、意味が違う。「全うする」は、職務などを完全に果たすという意味。

〔**まながつお**〕　マナガツオ科の全長60センチほどの白身の魚。

他に、真鯛、真鯉、真鰯、真蛸など、魚の名に「真」がついたときは「ま」と読む。

◉「深」を正しく読み分けてください。

□深傷

□深山

□深雪

□根深

□意味深

〔ふかで〕　重傷。「深傷を負う」など。「深手」とも書く。対義語は「浅傷（あさで）」。

〔みやま〕　奥深い山。「深山鍬形」は「みやまくわがた」と読む。

〔しんせつ、みゆき〕　深く降り積もった雪。

〔ねぶか〕　葱（ねぎ）のこと。「根深汁」は、葱入りの味噌汁・すまし汁のこと。

〔いみしん〕　「意味深長」を略した言葉で、額面通りの意味だけでなく、他の意味が隠されているという意味。「意味深な発言」、「意味深な笑い」などと使う。

◉「相」を正しく読み分けてください。

□相応しい
□外相
□相生
□相客
□相伴

〔ふさわしい〕　よく合っているさま。「社長に相応しい器」など。

〔がいしょう〕　外務大臣のこと。他に、首相、蔵相、宰相など、「相」を大臣という意味で使う場合は、「しょう」と読む。

〔あいおい〕　同じ木の根から、二本の幹が成長すること。「相生の松」は、「夫婦がともに長生きする」（「相老い」にかけている）ことのシンボル。

〔あいきゃく〕　同席、同室の客。あるいは、たまたま同時に来合わせた客。

〔しょうばん〕　お客の相手をして、一緒にもてなしを受けること。「ご相伴に預かる」が定番の使い方。

3 「小学校」で習った漢字でも、それなりに手強い①

◉「柱」を正しく読み分けてください。

□氷柱

□琴柱

□人柱

〔つらら〕　水のしずくが凍って、軒下などから棒状に垂れ下がったもの。

〔ことじ〕　琴の胴の上に立て、音の高低を調節する道具。「琴柱に膠（にかわ）す」は、融通がきかないことのたとえ。本来は動かすものである琴柱を糊付けするような、という意。

〔ひとばしら〕　もとは生贄（いけにえ）のことで、そこからある目的のため、犠牲になった人を指す。「○○の人柱となる」など。

◉「丁」を正しく読み分けてください。

□丁稚
〔でっち〕　商家で、年季奉公する少年。「丁稚奉公」など。「でし（弟子）」の音変化した語に、当て字したとみられる。

□丁髷
〔ちょんまげ〕　江戸時代の男の髪形。「丁髷物」は、時代劇のこと。

□丁字路
〔ていじろ〕　漢字の「丁」の形の道。今でいうT字路。なお、かつての「丁型定規」も、じょじょに「T型定規」というようになってきている。

□乱丁
〔らんちょう〕　書籍のページの順番が間違って綴じられていること。なお、「落丁」は、ページが抜け落ちていること。

◉「湯」を正しく読み分けてください。

□湯麺
〔タンメン〕　塩味の中華そば。「湯」を「たん」と読むのは唐音。

□湯煎

〔ゆせん〕　「湯桶読み」という言葉があるわりに、「湯○」を湯桶読みする熟語は案外少ない。「湯煎」（容器ごと、湯の中で熱すること）と「湯銭（ゆせん）」（銭湯代）はその珍しい例。

□新湯

〔さらゆ〕　沸かし立てで、まだ誰も入っていない風呂の湯。「新湯は身の毒」などと使う。「更湯」とも書く。

□微温湯

〔ぬるまゆ〕　ぬるい湯。「微温湯につかる」、「微温湯のような暮らし」などと、比喩的にも使う。

□般若湯

〔はんにゃとう〕　僧侶の世界の隠語で、酒のこと。

◉「発」を正しく読み分けてください。

□発頭人

〔ほっとうにん〕　先に立って物事を企てる人。×はっとうにん。

□発心

〔ほっしん〕　仏門に入ろうと、決意すること。そこから、何かを始めようと決心すること。「発心して、仏道に入る」など。

□**発条**

〔ばね、ぜんまい〕　今は、それぞれ「バネ」「ゼンマイ」と書くことが多い。

□**発句**

〔ほっく〕　連歌の最初の句。なお、最後の句が「挙句（あげく）」で、「挙句の果て」の語源。

◉「反」を正しく読み分けてください。

□**反故**

〔ほご〕　役に立たないもの、不用の紙。「反故にする」など。「反古」とも書く。

□**反吐**

〔へど〕　食べたものを吐き出した汚物。「反吐が出る」、「反吐を吐く」など。

□**反っ歯**

〔そっぱ〕　前にそりだした前歯。出っ歯のこと。

□**減反**

〔げんたん〕　作付け面積を減らすこと。「減反政策」など。なお、「反」を「はん」と読むのは漢音、「ほん」は呉音、「たん」は慣用読み。

□**謀反**

〔**むほん**〕　主君などに反逆すること。「謀叛」とも書く。「謀反気（ぎ）がある」、「謀反人」など。

◉「流」を正しく読み分けてください。

□**流布**

〔**るふ**〕　「流」は「りゅう」（漢音）と読むことが多いが、「る」（呉音）と読む熟語も意外と多い。「流布」は世間に広まることで、「悪い噂が流布する」などと使う。

□**流行る**

〔**はやる**〕　世間にもてはやされること。「流行り歌」、「都に流行る物」など。

□**流離う**

〔**さすらう**〕　さまよい歩くさま。身を寄せるところがなく、流浪するさま。「流離いの日々」、「荒野を流離う」などと使う。

□**流鏑馬**

〔**やぶさめ**〕　馬に乗りながら、弓を射る技・競技。現在は、もっぱら神社で、神事として行われている。

◉「和」を正しく読み分けてください。

□和え物

□和毛

□和布

□和尚

□和やか

□和らぐ

〔あえもの〕 野菜や魚などを味噌やゴマで和えた食べ物。「ホウレンソウの和え物」など。

〔にこげ〕 やわらかな毛、産毛のこと。

〔わかめ〕 海藻のワカメ。「若布」とも書く。

〔おしょう〕 僧、住職のこと。「山寺の和尚さん」など。宗派によって、「かしょう」、「わじょう」と読むこともある。

〔なごやか〕 おだやか、気分がやわらいでいるさま。「和やかな雰囲気」、「和やかな笑顔」、「和やかに話し合う」などと使う。

〔やわらぐ〕 おだやかになる。「暑さが和らぐ」、「気持ちが和らぐ」など。

4 「小学校」で習った漢字でも、それなりに手強い②

◉「守」を正しく読み分けてください。

□井守

□守宮

□薩摩守

□守株

〔いもり〕　池や沼などにすむトカゲに似た両生類。別名アカハラ。「井守の黒焼きは惚れ薬」などという。

〔やもり〕　イモリは両生類だが、ヤモリは爬虫類で、林などにすむ。「家守」とも書く。

〔さつまのかみ〕　俗に、無賃乗車をする人のこと。平忠度(ただのり)が薩摩守だったことからのシャレ言葉。

〔しゅしゅ〕　古いしきたりを守り、時に応じた物事の処理ができないこと。ウサギが切り株に当たって死んだのをみた農民が、毎日、切り株を見張ったものの、ついにウサギをとることはできなかったという『韓非子』にある故事に由来する言葉。

◉「飛」を正しく読み分けてください。

□飛白

〔かすり〕　かすったような紋様を織りだした織物。「絣」とも書く。「飛」は漢音でも呉音でも「ひ」と読むが、熟字訓が多く、正しく読むのはけっこう面倒な漢字。

□飛沫

〔しぶき、ひまつ〕　細かく飛び散った液体。「血飛沫（ちしぶき）を浴びる」、「飛沫（ひまつ）血痕」などと読み分ける。

□飛礫

〔つぶて〕　小さな石。「石飛礫」、「紙飛礫」など。「礫」一字でも「つぶて」と読む。

□飛蝗

〔ばった〕　虫のバッタは、漢字ではこう書く。「蝗」一字では「いなご」と読む。

□飛竜頭

〔ひりょうず〕　関西では、がんもどきのことをこう呼ぶ。ポルトガル語のfilhosに漢字を当てた言葉とみられる。

◉「初」を正しく読み分けてください。

□初産

〔ういざん〕　初めてのお産のこと。初子（ういご）、初孫（ういまご）、初陣（ういじん）は「うい〜」と読む。

□初顔

〔はつがお〕　会合などに初めて参加した人。相撲などでは、初の顔合わせ＝初対戦という意味に使う。

□初太刀

〔しょだち〕　最初に、刀で斬りつける一振り。「初太刀で、深傷を負わせる」など。×はつだち。

□見初める

〔みそめる〕　「始める」は「はじめる」、「初める」は「そめる」と読む。「見初める」は、初めて見ることで、おもに一目惚れするという意味で使う。

◉「便」を正しく読み分けてください。

□便箋

□便船

□便覧

□便法

〔びんせん〕「便」は「びん」と「べん」の読み分けが面倒な漢字。これは「びん」で、手紙を書くための用紙。なお、「箋」には「ふだ」という訓読みがある。

〔びんせん〕　これも前項と同音の読み方で、都合よく乗れる船のこと。

〔べんらん、びんらん〕　ある事柄について、知識やノウハウをまとめた便利な本。ハンドブックのこと。「国会便覧」、「農業便覧」など。一般には「びんらん」と読むことが多いのだが、辞書は広辞苑をはじめ、「べんらん」を見出し語とする言葉。

〔べんぽう〕　便利な手段。あるいは、便宜的な方法。「一時の便法に過ぎない」は、後者の意味で使われている。×びんぽう。

□軽便鉄道

〔けいべん〕 線路の幅が狭い小規模な鉄道。「軽便」は手軽で便利という意味。×けいびん。

◉「種」を正しく読み分けてください。

□種々

〔しゅじゅ〕 種類の多いさま。「種々雑多」は「しゅじゅざった」と読み、いろいろな種類が混じっているさま。種々相は「しゅじゅそう」と読む。

□言い種

〔いいぐさ〕 言っていることの中身、あるいは、ものの言い方。「言い種が気に入らない」、「なんという言い種だ」などと、ネガティブな方向に使う語。

□下種

〔げす〕 身分の低い者のことで、「下種の勘繰り」、「下種の後知恵」などと使う。下司、下衆とも書く。すべて常用漢字なのだが、今は「ゲス」と書くことが多い。

◉「愛」を正しく読み分けてください。

□愛弟子
□愛し子
□愛おしい
□愛でる

〔まなでし〕　期待を寄せて、かわいがっている弟子。なお、「愛娘」は「まなむすめ」と読み、たいへん可愛がっている娘のこと。

〔いとしご〕　かわいがっている子供。

〔いとおしい〕　たまらなくかわいく思うさま。一字少ない「愛しい」は「いとしい」と読み、意味は同じ。

〔めでる〕　美しさを味わう、かわいがる。前者の意味では、「月を愛でる」、「花鳥風月を愛でる」などと使い、後者の意味では、「小猫を愛でる」、「初孫を愛でる」のように使う。

◉「衣」を正しく読み分けてください。

□歯に衣を着せぬ

〔きぬ〕　相手に遠慮せず、思っていることを率直にいうこと。「歯に衣を着せぬ発言」など。×ころも。

□浴衣

〔ゆかた〕　木綿の単(ひとえ)の着物。夏のふだん着。もとは入浴後に着たことから、こう書く。「浴衣掛け」など。

□衣紋

〔えもん〕　和服の襟もと。「衣紋掛け」はハンガーのこと。今は、おもに和服用に使う言葉。「衣紋を繕う」は、（和服の）着崩れを直すという意味。

□衣被ぎ

〔きぬかつぎ〕　里芋を皮つきのままゆでたもの。

◉「束」を正しく読み分けてください。

□不束

〔ふつつか〕　「束」の訓読みは「たば」と「つか」。これは「つか」の転で、意味は、行き届かないこと。「不束な娘ではございますが」などと使う。

□装束

〔しょうぞく〕　「束」の音読みは「そく（ぞく）」。「装束」の意味は、服装、身支度のことで、白装束、黒装束、死に装束などと使う。

□束子

〔たわし〕　台所用品。わらや棕櫚（しゅろ）などを束（たば）ねてつくり、鍋などを磨く道具。「亀の子束子」など。

□束の間

〔つかのま〕　ちょっとの間。「ほっとしたのも束の間」、「束の間の出来事」などと使う。

□束ねる

〔たばねる、つかねる〕　「たばねる」のほか、「つかねる」とも読み、「手を束（つか）ねる」は、傍観するという意味。

◉「法」を正しく読み分けてください。

□法度

〔はっと〕　禁じられていること、禁制。また、法を意味する。「天下の御法度」、「武家諸法度」、「禁中並公家諸法度」など。「法」には、「おきて」という訓読みもある。

□法被

〔はっぴ〕　印半纏（しるしばんてん）のこと。「法被姿の若い衆」などと使う。語源をめぐっては、古代、袖のない胴衣を意味した「半臂(はんぴ)」が訛ったという説がある。「半被」とも書く。

□**法螺**

〔ほら〕 「法螺を吹く」で、大げさなでたらめをいうこと。吹くと大きな音の出る「法螺貝」に由来する言葉。

□**法面**

〔のりめん〕 盛り土、切り土などでできた斜面。

□**正法**

〔しょうぼう〕 正しい教え、仏法のこと。×しょうほう。「正法眼(げん)蔵(ぞう)」など。

◉「希」を正しく読み分けてください。

□**希有**

〔けう〕 文字通りに読めば、「希に有る」ことであり、そこから、めったにないという意味に。「希」を「け」と読む〝希有〟な例。

□**希う**

〔こいねがう〕 強く望むことの古風な言い方。「希くは」(こいねがわくは)は、なにとぞ、という意味。「希くは、命あらんことを」

□希な
□希臘
□希ガス類

など。

〔まれな〕　めったにないこと。「稀な」とも書く。
〔ギリシャ〕　南欧の国のギリシャは、漢字ではこう書く。
〔きガスるい〕　大気中にごく微量含まれている気体元素の総称。ヘリウム、ネオン、アルゴン、クリプトン、キセノン、ラドンの６種類を指す。なお、「希土類（きどるい）」は、産出量がごく少ない17種類の元素の総称。

5 「小学校」で習った漢字でも、かなり手強い①

◉「利」を正しく読み分けてください。

□利け者
〔きけもの〕　才覚がある人。「当代きっての利け者」などと使われる。

□利鎌
〔とがま〕　よく切れる鎌。「利鎌のような月」というと、その形から、三日月のことを指す。

□利き酒
〔ききざけ〕　酒を少量口にふくんでする鑑定。「聞き酒」とも書く。

□利いた風
〔きいたふう〕　わかってもいないのに、知ったかぶりするさま。

□**利い**

〔するどい〕　頭が「するどい」ことを、こう書くことがある。「利いた風な口をきく」などと使う。こちらは「聞いた風」と書かないように。

◉「素」を正しく読み分けてください。

□**素揚げ**

〔すあげ〕　材料に衣をつけずに、油で揚げること。他に、食べ物では、素うどん、素甘（すあま）も、「す」と読む。

□**素描**

〔そびょう〕　デッサン。鉛筆やコンテを使い、一色で物の形を表した絵。

□**素麺**

〔そうめん〕　夏に食べるそうめんは、漢字ではこう書く。「索麺」とも書く。

□**素点**

〔そてん〕　試験の成績のままの点数。それに「下駄」を履かせたりもする。

□**素より**

〔もとより〕　言うまでもなくという意味。「素」の訓読みは「もと」で、「味の素」でおなじみ。「元より」、「固より」とも書く。

□**素面**

〔しらふ〕　酔っていないこと。「すめん」と読むと、素顔のこと。

◉「雑」を正しく読み分けてください。

□**雑木林**

〔ぞうきばやし〕　雑多な樹木が混じって生えている林。「雑木」だけだと「ざつぼく」とも読む。「雑」を「ざつ」と読むのは漢音で、「ぞう」は呉音。

□**罵詈雑言**

〔ばりぞうごん〕　ひどい悪口。「罵詈雑言を浴びせる」が定番の使い方。「罵る」と同様、「詈る」も、「ののしる」と訓読みする。

◉「敵」を正しく読み分けてください。

□**敵役**

〔かたきやく〕　「敵役」とは憎まれる立場の人のこと。敵討ち、商

□**敵し難い**

□**敵わない**

売敵、恋敵、碁敵も、「敵」を「かたき（がたき）」と読む。「仇役」とも書く。

〔**てきしがたい**〕　とてもかなわず、張り合うこともできないさま。なお、「敵する」は「てきする」と読み、敵対すること。「適する」と取り違えないように。

〔**かなわない**〕　匹敵できない、やむを得ない。「とても敵わない相手」、「暑くて敵わない」などと使う。

◉「団」を正しく読み分けてください。

□**団扇**

□**団栗**

〔**うちわ**〕　扇いで、風を起こす道具。「左団扇」は、安楽な暮らしのたとえ。この「団」には丸いという意味がある。

〔**どんぐり**〕　クヌギ、カシ、ナラなどの実の総称。「団栗の背比べ」など。「団」を「とん」と読むのは唐音。

□水団

〔すいとん〕　小麦粉の団子入りの汁。戦後の食糧不足の時期、よく食べられた。

□炭団

〔たどん〕　炭から作る球状の燃料。相撲界では、番付表の〝黒丸〟に似ていることから、黒星を意味する。

◉「仮」を正しく読み分けてください。

□仮病

〔けびょう〕　「仮」は音読みが「か」と「け」で、これは「け」と読む。病気のふりをすることで、「詐病」と同じ意味。「仮病をつかう」など。

□虚仮

〔こけ〕　これも「け」と読む。意味はバカ、愚か。「虚仮にする」はバカにすることで、「人を虚仮にしやがって」などと使う。また「虚仮威し」は、見かけは立派だが、内容がないこと。それでも、相手が「虚仮」(愚者)であれば、威せるという意。

□仮免

〔かりめん〕「仮」の訓読みは「かり」。これは「仮免許」の略で、正式の免許を渡されるまえに、仮に与えられる免許。「仮免講習」など。

□仮令

〔たとい〕もし、かりに。「仮令、敗れようとも悔いはない」など。

◉「過」を正しく読み分けてください。

□過払い

〔かばらい〕利子、代金、給料などを払いすぎること。「サラ金に対する過払い請求訴訟」など。

□過ち

〔あやまち〕失敗、過失。「過ちを犯す」というと、男女の不倫関係に使うことが多い。

□過年度

〔かねんど〕過去の年度。おもに、会計年度に関して使う。

□過ぎ来し方

〔すぎこしかた〕過去。「過ぎ来し方に思いを馳せる」など。

◉「許」を正しく読み分けてください。

□許婚

□幾許

□足許

□お手許

〔いいなずけ〕　婚約者。子供が幼い頃から、親同士で結婚させる約束をすること。その相手。「許嫁」とも書く。古語の動詞「言ひ名付く」が名詞化した語。

〔いくばく〕　若干、数量が多くないさま。「幾何」とも書く。「余命、幾許もない」は、残す命がいくらもないことで、危篤状態を意味する言葉。

〔あしもと〕　足のまわり。足元、足下とも書く。「足許が明るいうちに」、「足許に火がつく」、「足許がおぼつかない」などと使われる。

〔おてもと〕　箸のこと。箸袋にこう書いてあることが多い。他に、体関係の言葉では、口許、耳許、目許、身許はそれぞれ「〜もと」と読む。

◉「現」を正しく読み分けてください。

□**現人神**

□**現高**

□**現の証拠**

□**現生**

□**夢現**

〔**あらひとがみ**〕　「人の姿で現れた神」という意味。戦前は、天皇のことをこう呼んだ。

〔**げんだか**〕　現在高のこと。帳簿、預金通帳などに関して使われている。

〔**げんのしょうこ**〕　生薬の材料となる野草の「げんのしょうこ」は、漢字ではこう書く。下痢止めとしてよく効くところから、植物としては珍しい名がついたとみられる。

〔**げんなま**〕　俗語で、現金のこと。「現生を出せ」など。今は「現なま」と書くことが多い。

〔**ゆめうつつ**〕　夢か現実かはっきりしない状態。「うつつ」は「現」の訓読み。

6 「小学校」で習った漢字でも、かなり手強い②

◉「若」を正しく読み分けてください。

□若輩

□般若

□若し

〔じゃくはい〕「若」の音読みは、「じゃく」と「にゃく」。これは「じゃく」と読み、意味は年若いことで、「若年」と同じ意味。「弱輩」とも書く。

〔はんにゃ〕　大きく口の裂けた鬼女。「般若のような恐ろしい表情」など。なお、「般若経」は経典の名、「般若湯」は前述のとおり、僧侶の隠語で酒のこと。

〔もし〕　仮定するときに使う副詞。「若しくは」、「若しも」、「若し

□杜若

や」、「若しか」は「もし～」と読む。

〔かきつばた〕　アヤメ科の多年草。「いずれ菖蒲か杜若」はどちらもすぐれているので、優劣をつけるのが難しいということ。

◉「砂」を正しく読み分けてください。

□砂利

〔じゃり〕　小石のこと。「砂利道」、「玉砂利」など。俗に、子供のことをこう呼ぶこともある。漫画『じゃりン子チエ』の「じゃり」はその意味。

□金砂

〔きんしゃ〕　金色の砂、金粉。「砂」の音読みは「しゃ」と「さ」の二つで、珪砂、土砂は、「砂」を「しゃ」と読む。

□黄砂

〔こうさ〕　黄色の砂。とくに、春先、中国北部の黄河流域で、砂が吹き上げられ、空を覆い、日本にも飛んでくる現象をいう。他に、熱砂、白砂、防砂、流砂は、「砂」を「さ」と読む。

◉「厳」を正しく読み分けてください。

□荘厳

□華厳

□厳か

□厳しい

□厳めしい

□厳つい

〔そうごん〕　おごそかなこと。「厳」には「げん」と「ごん」の二つの音読みがあり、これは「ごん」と読む珍しい例。

〔けごん〕　もとは、菩薩の修行の完成を「華」にたとえた言葉。そこから、「華厳経」、「華厳宗」、「華厳の滝」など。

〔おごそか〕　「厳」は訓読みの多い漢字で、これはいかめしく重々しいさま。

〔きびしい〕　はげしい、厳格な。「厳しい暑さ」、「厳しい言葉」など。

〔いかめしい〕　送り仮名に「め」がはいると、こう読む。立派で近寄りがたいさま、ものものしいさま。「厳めしい表情」、「厳めしい警備」などと使う。

〔いかつい〕　意味は、いかめしいと同様だが、やや俗語的な形容詞。

◉「紅」を正しく読み分けてください。

□紅蓮
□紅型
□紅をさす
□紅葉

〔ぐれん〕　真紅。もっぱら、「紅蓮の炎」という形で使い、これはあかあかと燃え盛る炎。「紅蓮」は、もとは文字通り、紅色の蓮の花のこと。

〔びんがた〕　沖縄の伝統的な模様染め。

〔べに〕　口紅、頬紅をつけること。「紅」一字の場合、「くれない」とも読むので、言葉によって読み分ける必要がある。

〔こうよう、もみじ〕　「こうよう」は、木の葉が赤く変色すること。「もみじ」はカエデの別名。こちらは、「紅葉を散らす」、「紅葉狩り」、「紅葉下ろし」などと使う。

第3章　意外と子どもの方が知っている「四字熟語」

1 まずは小手調べ！　基本の「四字熟語」

□十人十色

〔じゅうにんといろ〕　人はそれぞれ考え方や好みに違いがあるということのたとえ。「十人寄れば十色」ともいう。

□異口同音

〔いくどうおん〕　人々が口をそろえて同じことを言うこと、人々の考えが同じで、皆が同意する様子をいう。

□一切合切

〔いっさいがっさい〕　残らず。何もかも全部。すべて。「合切」は「合財」と書くこともある。

□起承転結

〔きしょうてんけつ〕　もとは、「起」で始めて「承」で受け、「転」で変化をつけ、「結」で終わらせる漢詩の構成方法。そこから、文章や物事の構成に関して使われる。

□千差万別

□狂喜乱舞

□順風満帆

□一期一会

□以心伝心

□意気投合

〔せんさばんべつ〕　たくさんの物事がある中、一つとして同じものはなく、さまざまな特徴があること。

〔きょうきらんぶ〕　「狂喜」は狂ったように喜び、「乱舞」は入り乱れて踊ること。たいへん喜ばしいことを表す。

〔じゅんぷうまんぱん〕　順風は追い風。追い風を帆いっぱいに受けて船が進む様子から、物事が順調に進むことのたとえ。「まんぽ」と読んではいけない。

〔いちごいちえ〕　一生に一度の出会い。茶道から出た言葉で「茶会に臨むときは、この機会は一生に一度と思って誠意を尽くせ」の意。「一期」は、もとは仏教語で人間が生まれてから死ぬまで。

〔いしんでんしん〕　言葉を使わなくても、考えていることが相手に伝わること。もとは禅宗の言葉で、言葉で表すことのできない仏法の真理を、心を用いて弟子に伝えることを指す。

〔いきとうごう〕　気持ちが通じ合うこと、互いの気持ち・考え

□前代未聞

□単刀直入

□興味津々

□言語道断

が一致し、親しくなることをいう。

〔ぜんだいみもん〕　今まで聞いたこともないほど珍しく、変わっていること。現在は、「前代未聞の事件」など、人が驚き、あきれる出来事に用いられることが多い。

〔たんとうちょくにゅう〕　一本の刀だけを携え、真正面から敵陣に切り込むというのが、本来の意味。そこから、前置きを言わず、すぐに本題に入ること。

〔きょうみしんしん〕　興味や関心が次々と湧いていて尽きないさま。「津」は「港」を表す。「津津」と重ねると、水が大量にあふれ出るという意味になる。

〔ごんごどうだん〕　「道」には「言う」という意味があり、「道断」は言う方法が断たれること、「言語道断」は、「言葉にできないほどひどい」という意味。

2 スラスラ読んで、サクサク書きたい「四字熟語」

□**虎視眈々**

□**同床異夢**

□**戦戦恐恐**

〔**こしたんたん**〕　野望を遂げるため、じっと好機をうかがっている様子を表す。「社長の椅子を虎視眈々とうかがっている」などと使う。

〔**どうしょういむ**〕　人と人とは同じ寝床に寝ながらも、互いに異なる夢を見るように、互いに仲間であっても、目的や考え方などが一致しないこと。

〔**せんせんきょうきょう**〕　悪いことが起こるのではないかという予感におびえ、びくびくする様子のこと。「恐恐」は「兢兢」とも書く。

□切磋琢磨

□神出鬼没

□泰然自若

□一蓮托生

□大言壮語

□津津浦浦

〔せっさたくま〕 「切」は切る、「磋」は荒く磨く、「琢」は形を整える、「磨」は磨くことを表す。玉や石を磨くことから、腕前や技量を磨くことに使われる。

〔しんしゅつきぼつ〕 鬼神のように、不意に現れたかと思うと、またすぐ居場所がわからなくなることをいう。

〔たいぜんじじゃく〕 「泰然」は落ち着いている様子、「自若」はあわてない様子のこと。ゆったりと落ち着きはらった態度で、物事に動じないこと。

〔いちれんたくしょう〕 もとは「極楽の同じ蓮華（れんげ）の上で生まれ変わる」ことで、そこから最後まで運命をともにすることをいう。

〔たいげんそうご〕 実力以上に威張って威勢のよいことを言うこと。できもしないことを、いかにもえらそうにいうこと。

〔つつうらうら〕 「津」は、水がうるおっているすべての場所、「浦」は海、湖、川などの水辺。転じて、全国のあらゆる所という

□百戦錬磨

□呆然自失

□猪突猛進

□自暴自棄

□晴耕雨読

意味。

〔ひゃくせんれんま〕　多くの体験をして、技術や才能を鍛えること。あるいは、そういう人。

〔ぼうぜんじしつ〕　思いもよらない出来事により、呆気(あっけ)に取られ、気が抜けて、我を忘れてぼんやりしてしまう状態のこと。

〔ちょとつもうしん〕　激しい勢いで突進してくる猪のように、物事をまっしぐらに進めること。冷静な状況判断もなく、後先も考えずに行動してしまうこと。

〔じぼうじき〕　思いどおりにならないことに失望し、投げやりな行動を取ること。「自暴」は自分自身の身を損なうこと。「自棄」は自分の身を捨てることで、「やけ」とも読む。

〔せいこううどく〕　晴れた日には田畑を耕し、雨の日には読書をする。悠々自適な生活を送るさま。「退職後は、故郷に戻って晴耕雨読の毎日を送りたい」などと用いる。

□千載一遇

〔せんざいいちぐう〕　「千載」は「千歳」、つまり「千年」のこと。千年に一度めぐり会うほどの珍しい機会。「こんな場所で憧れの人に出会うとは、まさに千載一遇のチャンスだ」などと用いる。

□天衣無縫

〔てんいむほう〕　飾り気がなく、無邪気なさま。または、そのような人。もとは天女の衣には縫い目がないことから、詩文などでわざとらしさがなく、美しいことを指した。

□生殺与奪

〔せいさつよだつ〕　生かす、殺す、与える、奪うといった事柄を自由に行うこと。相手をどうしようと思いのままである状態。「わが社の生殺与奪の権を握っているのは銀行だ」など。

□周章狼狽

〔しゅうしょうろうばい〕　思いがけない出来事が生じ、大いに慌てること。「周章」、「狼狽」ともに、慌てふためくの意。「突然の左遷命令に、彼は周章狼狽した」などと用いる。

□慇懃無礼

〔いんぎんぶれい〕　「慇懃」は礼儀正しいさま。態度が丁寧すぎて、かえって失礼なこと。うわべは丁寧だが、本心では相手を軽

□虚々実々

□換骨奪胎

□切歯扼腕

□空中楼閣

く見ていること。「敬語も使いすぎると慇懃無礼になる」など。

〔きょきょじつじつ〕　この「虚」はウソではなく、守りの弱いところという意味。「実」は固い守り。敵の実を避け、虚をついて戦うの意から、その場に応じた計略や技を出して戦ったり、駆け引きしたりすること。

〔かんこつだったい〕　骨を取り換えて、胎児を自分のものにするの意で、先人の詩文の内容をそのまま用いて、新しい作品をつくる手法のこと。転じて、先人の作品をもとに新しい作品を創作すること。

〔せっしやくわん〕　「切歯」は歯ぎしりすること。「扼腕」は悔しさや残念さで、思わず腕を握りしめること。ひどく残念がる様子や、怒りのぶつけどころがなく、いらいらする様子を指す。

〔くうちゅうろうかく〕　「楼閣」は階を重ねてつくった建物。空中に楼閣を築くような、根拠のない物事や実現性のない計画を

□針小棒大

□虚心坦懐

□隠忍自重

□我田引水

指す。もとは蜃気楼を意味し、そこから転じた言葉。

〔しんしょうぼうだい〕 針のように小さなものを棒のように大きく言うこと。物事を大げさに言うたとえ。「商品の宣伝には針小棒大なものも多いから、注意して聞いたほうがいい」などと用いる。

〔きょしんたんかい〕 わだかまりのない、素直でさっぱりした心境のこと。「虚心」はわだかまりのない心、「坦懐」は情に左右されない平安な気持ちをいう。

〔いんにんじちょう〕 ひたすら耐え忍び、軽々しい行動をとらないこと。「隠忍」は辛さを我慢すること。「自重」は自分自身を慎むこと。「過去を反省し、当分は隠忍自重せよ」などと用いる。

〔がでんいんすい〕 「自分の田にだけ水を引く」の意から、自分に都合よく物事を解釈したり、行動したりすること。類義語に「牽強付会（けんきょうふかい）（自分に都合がいいよう強引にこじつけること）」が

□玉石混淆

□八面六臂

□気宇壮大

□一気呵成

ある。

〔ぎょくせきこんこう〕　「玉」は宝石。宝石と石が混ざっているように、良いものと悪いものが入り混じった状態。もとは、軽薄な詩を持てはやす世間の風潮を嘆いた言葉に由来。

〔はちめんろっぴ〕　一人で多方面にわたって、何人分もの大活躍をすること。「臂」は腕のことで、もとは顔が三つ、手が六本ある仏像に由来する語。三面が八面に変化したのは、語呂がよかったからとみられる。

〔きうそうだい〕　度量、構想、志などが並はずれて大きく、立派であるさま。「気宇」は心の広さ、器量の意。「壮大」はさかんで大きいことを表す。

〔いっきかせい〕　「一気」は一呼吸、「呵」は息を吐くという意味で、短時間に物事を一気に成し遂げることをいう。「原稿を一気呵成に書き上げた」などと使う。

3 大人としてカンペキにしたい「四字熟語」

□**三寒四温**

□**閑話休題**

□**無病息災**

〔**さんかんしおん**〕　冬から春に移り変わる時期、寒い日が三日間続くと、その後四日間は暖かい日が続くように、周期的に繰り返される気象現象のこと。

〔**かんわきゅうだい**〕　前置きや無駄話を打ち切って、話の本題に入ること。本筋から脱線した話題を、元に戻すときなどに使われている。

〔**むびょうそくさい**〕　病気がなく、健康であること。一方、持病が一つくらいあったほうが、体を気遣うのでよしとする「一病息災」という語もある。

□花鳥風月

□森羅万象

□一意専心

□風林火山

□一陽来復

〔かちょうふうげつ〕　自然や四季折々の美しい風景。また、それらを鑑賞し、題材にした詩歌・絵画をたしなむこと。「花鳥風月を友にする」という成句もある。

〔しんらばんしょう〕　宇宙に存在するすべてのものや事柄。「森羅」は「樹木が限りなく茂る」、「多くのものが連なる」こと。「万象」は、「すべての形あるものや現象」。

〔いちいせんしん〕　ほかのことに心を向けることなく、一つのことだけに心を集中する様子をいう。「専心一意」という言葉もある。

〔ふうりんかざん〕　「其の疾(はや)きこと風の如く、其の徐(しず)かなること林の如く、侵掠すること火の如く、動かざること山の如し」の略。武田信玄が旗印に記したことで有名な言葉。

〔いちようらいふく〕　本来は、陰（悪い気）が極まり、陽（よい気）が復活すること。そこから「苦難の時期が過ぎ、運気が向いてく

□君子豹変

□行雲流水

□危急存亡

□当意即妙

□手練手管

る」「冬が終わり、春が来る」という意味に。

〔くんしひょうへん〕　本来は、「君子は自分の過ちに気づくとすぐ改める」といういい意味だが、単に態度や主張が急に変わることとの意味で使われる。

〔こううんりゅうすい〕　何かにとらわれることなく、自然にまかせて思うがままに生きる様子。「あの俳人は行雲流水の暮らしの中、名句を生んだ」などと使う。

〔ききゅうそんぼう〕　危機が迫り、生死の瀬戸際であること。「危急存亡の秋（とき）」という成句の形でよく使われる。

〔とういそくみょう〕　その場に応じて、機転をきかせること。また、その場に合わせた言動をすること。

〔てれんてくだ〕　「手練」、「手管」は、ともに人を丸め込む駆け引きの技のこと。そこから、人をだますための手段や技術をいう。

□落花流水

□諸行無常

□五臓六腑

□豪放磊落

□後生大事

〔らっかりゅうすい〕　花が落ちること。水が流れること。そこから、時が移ろうこと。また、花を乗せて流れる様子から、男性に女性を思う気持ちがあれば、女性もまた男性を思うようになることのたとえ。

〔しょぎょうむじょう〕　この世のあらゆる現象は常に変化している、という仏教の教え。『平家物語』の「祇園精舎の鐘の声、諸行無常の響きあり」の一節が有名。

〔ごぞうろっぷ〕　人間のすべての内臓を指す。五臓は肝、心、脾、肺、腎。六腑は大腸・小腸・胃・胆・膀胱・三焦（さんしょう）をいう。転じて心の中、腹の中という意味も。

〔ごうほうらいらく〕　気持ちが大らかで、神経が太く、ささいなことにはこだわらない様子。

〔ごしょうだいじ〕　本来は、来世の安楽を得るために、物事を大切にし、善行を積むことをいうが、今は、あまりに物事を大事に

□雲散霧消

□安心立命

□岡目八目

□海千山千

する消極的な様子にも使われる。

〔うんさんむしょう〕　雲や霧が消えるように、物事がきれいに消えてなくなること。わだかまりや悩みが消え、さっぱりした気持ちになる意味にも用いる。

〔あんじんりゅうめい〕　どんな場合でも、天命に身をまかせて心を動かさない様子。近年は「あんしんりつめい」と読んでも間違いではない。

〔おかめはちもく〕　「傍目八目」とも書く。第三者のほうが、当事者より物事がよくわかること。囲碁から出た言葉で「はたで見ている人のほうが、実際に対局している人より、八目分は強い」という意。

〔うみせんやません〕　さまざまな経験を積み、世間の表も裏も知り抜いて、一筋縄ではいかないこと。または、そういう人。「海に千年、山に千年住んだ蛇は、竜になる」という中国の故事から。

4 自信を持って使いこなしたい「四字熟語」

□臥薪嘗胆

□不倶戴天

□百家争鳴

〔がしんしょうたん〕　目的を果たすため、苦労を重ねること。中国・春秋時代、父を殺された越王・勾践（こうせん）が、恨みを忘れないため、薪（たきぎ）の上に寝、肝を嘗（な）めて辛さや苦さを味わい、やがて仇を討ったという故事から。

〔ふぐたいてん〕　「倶（とも）に天を戴（いただ）かず」の意で、この世でともに生きられないほど、相手を深く憎んでいるさま。「あいつは不倶戴天の敵だ」などと用いる。

〔ひゃっかそうめい〕　思想や立場の違うさまざまな学者や論客が、自由に意見を発表し、論争すること。かつては中国共産党の

□粉骨砕身

□竜頭蛇尾

□国士無双

□流言蜚語

□和魂洋才

スローガンの一つで、「百家」は多くの学者。

〔ふんこつさいしん〕　骨を粉にし、身を砕くように、力の限りを尽くして努力すること。「わが社の発展のために、粉骨砕身の精神で頑張ります」などと用いる。

〔りゅうとうだび〕　最初は立派だが、最後は貧弱であること。頭は竜のように立派だが、尾は蛇のように細いの意。「この映画は最初は面白いが、やや竜頭蛇尾のきらいがある」などと用いる。

〔こくしむそう〕　国内に並ぶ者のいない、優れた人物。漢の王・劉邦の部下、蕭何（しょうか）が、同じく部下の名将韓信について、他に比ぶべくもない「国士無双」とたたえた故事から。

〔りゅうげんひご〕　世の中を飛び回っている根拠のない噂。「蜚」は飛ぶの意で、「流言飛語」とも書く。「流言蜚語がもとで、株価が暴落した」などと用いる。

〔わこんようさい〕　日本人固有の精神を保ちつつ、西洋の学問

□自縄自縛

□同工異曲

□内憂外患

□馬耳東風

を採り入れること。菅原道真の遺訓とされる「和魂漢才（日本人の精神を持ちながら中国の学問を採り入れる）」を応用した言葉。

〔じじょうじばく〕　自分の縄で自分を縛るように、自分の言動によって、行動が制限されてしまうこと。「彼は自らの発言が災いして、自縄自縛に陥ってしまった」などと用いる。

〔どうこういきょく〕　見かけは異なっているようだが、中身は同じという、悪い意味に今は使うことが多い言葉。ただし、もとは中唐の詩人・韓愈（かんゆ）が、学生の文章を同工（手際は同じ）でも味わいが異なるとたたえたことに由来。

〔ないゆうがいかん〕　国内における心配事と外国から受ける心配事。「増えつづける国債に加え、円高ドル安の流れも止まらず、日本経済は内憂外患の状態にある」などと用いる。

〔ばじとうふう〕　人の意見や批判などに、聞く耳を持たないこ

□自家撞着

□一衣帯水

□画竜点睛

と。「東風」は春に吹く、心地よい風。そんな風が耳元に吹きつけても、馬は何とも思わないことから。

〔じかどうちゃく〕　「自家」は自分。「撞着」は突き当たる。同じ人の言葉や文章が、前と後とで食い違っていること。「首相の発言は最近、自家撞着に陥っている」などと用いる。

〔いちいたいすい〕　「衣帯」は帯のことで一本の帯のように狭い川や湖、海。そこから狭い川や湖、海で隔てられている様子も指す。「日本と中国は、一衣帯水の関係にある」などと用いる。「衣帯」が一つの言葉なので、「いち・いたいすい」のように区切って読むのが正しい。

〔がりょうてんせい〕　最後の仕上げ。「睛」はひとみ。中国の画家・張僧（ちょうそう）が壁に竜の絵を描き、最後に目を描き入れたところ、壁から竜が出て、天に飛んでいったという故事から。「がりゅう」と読むのは間違い。

5 一生に一度は口にしてみたい「四字熟語」

□万古不易

□百花繚乱

□百鬼夜行

〔ばんこふえき〕　「万古」は遠い昔。または永久。「不易」は変わらないこと。遠い昔から未来まで、いっさい変わらないこと。「男性が美人に弱いのは、万古不易の理だ」などと用いる。

〔ひゃっかりょうらん〕　多くの花が咲き乱れるさま。転じて優れた人、華やかなものが多くあるさまのたとえ。「今年の文壇は百花繚乱で、優れた新人が多く出た」などと用いる。

〔ひゃっきやこう〕　さまざまな鬼が列をなし、夜道を歩くこと。転じて多くの人が、悪行を成すさまのたとえ。「あの業界は百鬼夜行の状態だ」などと、得体の知れない集団に対して用いることも多い。「ひゃっきやぎょう」とも読む。

□**唯我独尊**

〔ゆいがどくそん〕　世界で自分が一番偉いと、うぬぼれること。釈迦が生まれたとき、「天上天下（てんげ）唯我独尊」と述べたという逸話があり、そこから転じた言葉。

□**合従連衡**

〔がっしょうれんこう〕　情勢に応じて、いろいろな勢力が手を結んだり離れたりすること。「合従」は縦の連合。「連衡」は横の連合で、中国・戦国時代の故事から。「業界内でさまざまな合従連衡が行われている」などと用いる。

□**温故知新**

〔おんこちしん〕　昔のことを調べ、そこから新たな知識や見解を得ること。出典は『論語』。「昔の住居には学ぶところが多くある。まさに温故知新だ」などと用いる。

□**片言隻句**

〔へんげんせっく〕　ほんのちょっとした言葉のこと。「片言」はわずかな言葉。「隻句」は一つの句。「偉人の言葉は、片言隻句からでも学ぶことが多い」などと用いる。

□呉越同舟

□明鏡止水

□捲土重来

□五里霧中

〔ごえつどうしゅう〕　仲の悪い者同士が、同じ場に居合わせること。中国・春秋時代、敵同士であった呉の国と越の国の人が同じ舟に乗り合わせたとき、助け合って強風から舟を守ったという逸話にちなむ。

〔めいきょうしすい〕　「明鏡」は明るく曇りのない鏡、「止水」は波立っていない止まった水で、ともに澄みきって邪念のない心のたとえ。「つねに明鏡止水の心境でありたい」などと用いる。

〔けんどちょうらい〕　一度失敗したものが、再び勢いを増して攻めること。「けんどじゅうらい」ともいう。晩唐の詩人・杜牧（とぼく）が、武将・項羽（こうう）の死を惜しんでつくった「烏江亭に題す」が出典。

〔ごりむちゅう〕　「五里霧の中」という意味なので、「ごりむ・ちゅう」と区切って読むのが正しい。「五里霧」は、五里四方を深い霧で覆わせる中国の道術。その霧が深くて周囲が見えないように、物事の様子がわからず、方針や計画が立たないさま。

□獅子奮迅

□朝三暮四

□四面楚歌

□巧言令色

□勧善懲悪

〔ししふんじん〕　獅子が奮い立って猛進するように、激しい勢いのあること。または勇敢に闘うさま。「今日の試合で、彼は獅子奮迅の働きを見せ、見事に勝利を勝ち取った」などと用いる。

〔ちょうさんぼし〕　うまい言葉で人をダマすこと。猿回しが猿に、エサの栗を「朝三つ、夜四つにする」と言うと猿たちは怒り、「朝四つ、夜三つにする」と言うと喜んだという中国の故事から。

〔しめんそか〕　周りが敵や反対者ばかりで、味方が一人もいないこと。楚の項羽が漢軍に囲まれたとき、四面から楚の歌が聞こえたことから、本国は漢軍に下ったと思い込んだという故事から。

〔こうげんれいしょく〕　「巧言」は巧みに飾った、心にもない言葉。「令色」は他人に気に入られるため、とりつくろった顔つき。合わせて、言葉を飾り、上辺をとりつくろって、他人にこびへつらうさまをいう。

〔かんぜんちょうあく〕　善いことを勧め、悪を懲らしめること。

□一騎当千

□青天白日

□一視同仁

□右顧左眄

略して「勧懲」とも言う。「勧懲小説」は、善玉と悪玉が登場し、最終的に悪が滅び、善が栄えるさまを描いた小説。

〔いっきとうせん〕　「一騎」は馬に乗った一人の武者。一騎で千人の敵を相手に戦えるほど、強い力をもった人のこと。「彼は一騎当千の強者だ」などと用いる。

〔せいてんはくじつ〕　青空に太陽が輝くこと。転じて、少しのやましさもないこと。または疑いが晴れて無罪になること。「これで、青天白日の身になった」などと用いる。

〔いっしどうじん〕　すべての人物に対し、差別することなく、思いやりあふれた態度で接すること。「仁」は思いやり慈しむ心。

〔うこさべん〕　周囲の様子ばかりを気にして、なかなか決断しない優柔不断な態度のこと。「顧」は振り返って見ること、「眄」は横目で見るという意味。

6 由来もあわせて覚えたい「四字熟語」

□夜郎自大

〔やろうじだい〕　身のほど知らずで、威張っていること。出典は『史記』。漢代の小国・夜郎の王が、漢の大きさも知らず、「わが国と漢国ではどちらが大きいか」と尋ねたという逸話から。

□酒池肉林

〔しゅちにくりん〕　贅を凝らした酒宴。出典は『史記』。暴君で知られる紂王（ちゅうおう）が、酒を池とし、肉を林にかけた宴を催したという故事から。この肉は、あくまで食用の肉であり、エロティックな意味合いはない。

□朝令暮改

〔ちょうれいぼかい〕　朝出された命令が夕方には変更されるように、法律などが次々変わり、方針が定まらないこと。「時代が

□牽強付会

急速に変化する昨今、朝令暮改はけっして悪ではない」などと用いる。

〔けんきょうふかい〕　道理が合わなくても、自分の都合のいいように、強引に理屈をこじつけること。

□甲論乙駁

〔こうろんおつばく〕　甲がある説を論じると乙が反対するように、議論がまとまらない様子。「駁」はまだらになっていることで、「まぜかえす」という意味がある。

□経世済民

〔けいせいさいみん〕　世を治め、民衆を苦しみから救うような、よい政治のこと。「経世」は世を治める、「済民」は民衆を救うの意。「経済」はこの略語。

□千篇一律

〔せんぺんいちりつ〕　どれも変わりばえがなく、一本調子でおもしろみがないこと。「千篇」は「数多くの詩文」という意味、「一律」は「同じ調子」の意。

□面壁九年

〔めんぺきくねん〕　ある物事に専念し、辛抱強く努力すること。

□一罰百戒

□知行合一

□不撓不屈

□率先垂範

達磨（だるま）大師が九年もの間、壁に向かって坐禅を組み続け、悟りを得たという故事に由来する。「面壁きゅうねん」と読まないように。

〔いちばつひゃっかい〕　一人の悪人や一つの罪に対して、厳しい罰を与えることによって、その他大勢の者の注意を喚起し、同じような罪を犯さないように戒めること。

〔ちこうごういつ〕　真に知ることとは、実行を伴うとする考え方。王陽明が唱えた陽明学の核心をなす「知行合一説」。この考えに従って江戸後期大塩平八郎は乱を起こした。「ちぎょう合一」と読まないように。

〔ふとうふくつ〕　失敗しても、くじけず挑戦し続ける精神をもっている様子。「不撓」は「たわまない」という意味。「不撓不屈の精神で立ち向かう」などと使う。

〔そっせんすいはん〕　自ら先頭に立って行動し、手本を示すこと。「率先」は人の先頭に立つこと。中国の史書『史記』にある漢

□唯唯諾諾

□会者定離

□文人墨客

□三位一体

□信賞必罰

の丞相（じょうしょう）・周勃（しゅうぼつ）が率先して皇帝の命令に従った話に由来する。「垂範」は模範を示すこと。

〔いいだくだく〕　物事の善悪や是非にかかわらず、他人の言動の言いなりになる様子。「唯唯」も「諾諾」も、畏まった返事を表す言葉。中国古典の『韓非子（かんぴし）』に由来。

〔えしゃじょうり〕　仏教用語で、出会ったものは必ず別れる運命にあるという意味。仏典では、「生者必滅（しょうじゃひつめつ）、会者定離」など、世のはかなさを表すときに用いられる。

〔ぶんじんぼっかく〕　詩歌・書画など、風雅の道をたしなむ人。「墨客」は書画にすぐれた芸術家のこと。

〔さんみいったい〕　三つの別々の要素が一つに結びつくこと。本来は、キリスト教の教義で、三位（創造主、イエス・キリスト、聖霊）は本質において同一とする考え方。

〔しんしょうひつばつ〕　『韓非子』に書かれた君主が臣下を支配

□抜山蓋世

□人面獣心

□談論風発

□容貌魁偉

するための方法。功績があった者には賞を与え、罰すべき者には処罰を与え、賞罰を明らかに行うこと。

〔ばつざんがいせい〕 勢いがあり、自信に満ちた気質のこと。漢の劉邦に包囲された楚の項羽が、四面楚歌の中、虞美人と最後の酒宴を催した際に、作った詩から。

〔じんめんじゅうしん〕 顔は人の形をしていても、心は獣同然で、義理や人情、恥を知らない無慈悲な人のこと。人の道にはずれる心の持ち主を非難する言葉。

〔だんろんふうはつ〕 「談論」は談話と議論のこと、「風発」は風が勢いよく吹く様子を意味し、議論が活発に行われることをいう。

〔ようぼうかいい〕 男性の顔立ちや体格がたくましく、堂々としたさま。「魁」は、大きいこと、「偉」は堂々としているさまを表す。「魁偉」は「怪異」とは意味の違う言葉で、化け物のようなという意味で使うのは間違い。

7 知っているだけで自慢できる「四字熟語」

□**白河夜船**

□**身体髪膚**

□**粒粒辛苦**

〔しらかわよふね〕　京へ行ったことのない人が、「白河」という地名について聞かれ川の名前だと思い、「夜に船で通ったが、眠っていたので知らない」と答えて嘘がばれた話から、眠っていて何も知らないことをいう。また知ったかぶるという意味もある。

〔しんたいはっぷ〕　「身体」から「毛髪」「皮膚」に至るまでのからだ全体。それぞれ、親から受け継いだかけがえのないものという孔子の教えに登場する。

〔りゅうりゅうしんく〕　こつこつと地道に努力すること。「粒粒皆辛苦」の略で、米一粒一粒は農民の努力や苦労のたまものであることから。「彼は粒粒辛苦して、今日の地位を築いた」などと

□南船北馬

□多岐亡羊

□和光同塵

□明眸皓歯

用いる。

〔なんせんほくば〕　忙しくあちこち旅して回ること。出典は前漢時代の書『淮南子（えなんじ）』で、「南方は川が多いので船で旅し、北方は陸が多いので馬で旅する」とあることから。

〔たきぼうよう〕　道が多すぎて羊を見失うように、学問の道があまりに多方面に分かれているため、真理を得るのが難しいこと。または方針が多数あるため、どれを選べばいいか判断に迷うこと。

〔わこうどうじん〕　優れた能力を隠して、俗世間の人々と交わること。「和光」は本来の光（知恵）を和らげ、隠すこと。「同塵」は世の中の塵と同じになること。出典は『老子』。

〔めいぼうこうし〕　「明眸」は明るく澄んだひとみ。「皓歯」は白く美しい歯。両方を持っている人、すなわち美人を形容する言葉。「新婦は、明眸皓歯の持ち主だ」などと用いる。

□**鎧袖一触**

□**山紫水明**

□**拈華微笑**

□**堅忍不抜**

□**夏炉冬扇**

□**曲学阿世**

〔がいしゅういっしょく〕　簡単に敵を倒すこと。鎧の袖を一振りするだけで、敵を打ち負かす様子をたとえた言葉。「戦局は非常に優勢で、鎧袖一触の勢いで突き進んでいる」などと用いる。

〔さんしすいめい〕　山は日に照らされて紫色に見え、川（水）は明るく澄みきっているさま。景色の美しいことのたとえ。

〔ねんげみしょう〕　言葉や文字を使わず、心から心に伝えること。以心伝心。お釈迦様が説法のため、蓮華を拈ってみせたところ、迦葉だけが意味を理解し、微笑んだという逸話から。

〔けんにんふばつ〕　どんな困難や誘惑に出会っても、心を動かさず、我慢すること。「遊びの誘いも断り、堅忍不抜の精神で仕事に精を出した」などと用いる。

〔かろとうせん〕　夏の火鉢や冬の扇のように、季節はずれで役に立たないこと。転じて、役に立たない人や物。

〔きょくがくあせい〕　「曲学」は、真理を曲げた学問。「阿世」は、世の大勢におもねること。世間から評価を得るため、真理に背いた説を唱えること。「あの学者は曲学阿世の徒だ」など。

□羽化登仙

〔うかとうせん〕 中国の神仙思想からきている言葉で、人に羽が生え、仙人になって天に昇ること。そこから、ほろ酔い気分になり、心地よい状態であることのたとえ。

□永字八法

〔えいじはっぽう〕 「永」の字は、書道に必要な側（点）、勒（横の線）、努（縦の線）、趯（はね）、策（右上りの横の線）、掠（左はらい）、啄（短い左はらい）、磔（右はらい）の八種の技法を含んでいるという意味。

□悪木盗泉

〔あくぼくとうせん〕 悪い木の陰で休み、盗泉（孔子は、喉が渇いていても、その名を嫌い、飲まなかったという）の水を飲めば、身が汚れるという教えから、苦しくても道理にそむくことはするなというたとえ。また、不義、悪事に近づくなという意味も。

□一瀉千里

〔いっしゃせんり〕 「瀉」は水が流れること。川の水が、たちまち

□**欣喜雀躍**

□**緊褌一番**

□**斎戒沐浴**

□**春風駘蕩**

千里の距離を流れ下ることから、物事が速く進むことのたとえ。話や文章が上手でよどみない状態にも使う。

〔きんきじゃくやく〕　「欣喜」は、ひじょうに喜ぶこと、「雀躍」は、雀のように跳ね回ることで、飛び跳ねるように小躍りして喜び、有頂天になること。

〔きんこんいちばん〕　「緊褌」とはふんどしを固く締めることで、大事の前の決意・心構えを表す。気持ちを引き締め、十分な覚悟を決めて勝負に臨むこと。

〔さいかいもくよく〕　節制し、心身を清めること。「斎」は酒や肉を断ち、心の汚れを清めること。「戒」は過ちを戒めること。「沐」は洗髪、「浴」は体を洗うことをいう。

〔しゅんぷうたいとう〕　春の風がのどかに吹くさまや、春風が素肌をなでて吹く心地よい風情（ふぜい）をいう。態度や性格がのんびりとしている温和な人柄に対して使われる。

第4章

小学生に話したら一目置かれる日本語の「雑学」

1 ついついその先を聞きたくなる鉄板ネタ

どうして「三四がなくて五」というの？

「一に○○、二に△△、三四がなくて五に××」という表現がある。たとえば、自分の好物を「一にステーキ、二に唐揚げ、三四がなくて五に刺し身」と表すと、刺し身はさほどでもなく、本当に好きなのはステーキと唐揚げという意味。

このように、「三四がなくて五に」という言い方では、本来三番目のものを五番目にまでことさらに下げることで、上の二つを持ち上げる表現といえる。

このような言い回しが生まれた背景には、日本人の〝三好き〟があるといえそうだ。日本人は、「三」という数字を好み、さまざまなものを三つにまとめようとする。皇室に伝わる「三種の神器」にはじまり、「日本三景」、「日本三園」なども「三」で一くくりにする。人に対しても、「三傑」「三羽烏」と三者にまとめる。というように、日本人は、すぐれたものを三つ挙げることに、調和を感じるのだ。その感覚を逆手にとった表現が、「三四がなくて五に」という言い回しといえそうだ。

「お」をつけていい言葉、いけない言葉の違いは何？

外国人が敬語を使いこなすのは難しいといわれるが、日本人にだって、敬語は相当に難しい。「お」の使い方一つとっても、つけていいのか、いけないか、迷う場面がある。

「お」は、基本的には、相手の所有物や動作につけるのが原則になる。「お子様」「お荷物」「お車」や「お出かけですか？」は正しいが、「お出かけしよう」はヘンな日本語になる。

その一方、自分の動作でも、相手に関係することには、つけていい場合もある。「お返事」「お礼」「お待ちしておりました。」などは、このタイプだ。

一方、動植物や公共物などにはつけないのが原則。また、外来語にも「お」はつけないのが普通だ。「おビール」「おトイレ」などは、使わない方がいい。

「お」とも「ご」とも読む「御」の使い分けの法則とは?

「お」と「ご」は、ともに漢字では「御」と書く。「御」の訓読みが「お」、音読みが「ご」。だから、訓読みにする言葉には「お」、音読みにする言葉には「ご」をつけるというのが原則になる。

「お言葉」「お親しい」「お米」「お友達」「お終い」などは、訓読みだから「お」。「ご意見」「ご親切」「ご飯」「ご友人」「ご愁傷様」などは、音読みだから「ご」になる。

ただし、今では、この原則をはずれて、音読みの言葉にも「お」をつけるパターンが増えている。「お豆腐」「お料理」「お約束」「お電話」などで、「御○○」と書いてあって読み方に迷ったときは、「お」と読んでおいたほうが、確率的には間違いが少ないだろう。

ところで、「御」の読み方は「お」と「ご」だけではない、用例は少ないが

「おん」や「み」とも読む。平岩弓枝氏の名作『御宿かわせみ』は「おんやど」、七年に一度の大祭として知られる「御柱祭」は「おんばしら」。「御心」「御霊」はそれぞれ「みこころ」「みたま」だ。

「御」が二つ以上つく言葉もある。「御御御（おみお）漬け」のほか、「お堂」のことを「御御（おみ）堂」と言うこともある。「おみ足」、「おみ折」（料理屋などで食べ残した物を折に詰めて持たせてくれたもの）なども、御が二つつく言葉だ。

蝶を一頭、二頭と数えるのはどうしてか？

ライオンやキリンなどの大型獣は、一頭、二頭と数える。この「頭」という単位は、昆虫にも使うことがある。蝶に対してである。

一般的に、日本語では、生物の体の大きさによって数える単位を使い分ける。ライオンやキリンなど大きな動物に対しては「頭」、ネコやイヌなど小さな動物に対しては「匹」。カブトムシなど昆虫も、ふつうは「匹」である。そういうわけで、蝶にしても、ふだん数える分には「匹」でも間違いではない。ただ、学術論文をはじめ、専門的な文章で数えるときには、一頭、二頭と「頭」という数詞を使うのだ。

大型動物でもないのに、そのような数え方をするのは、翻訳に理由がある。英語の論文では、蝶のことを「ｈｅａｄ」で数える。この「ｈｅａｄ」を日本語に直訳して、「頭」で数えるようになったのである。

イカを一パイ、二ハイと数えるワケは？

魚を数えるときの単位は、ふつうは「匹」か「本」か「枚」。シャケ一匹、ハマチ一本、カレイ一枚といった具合だが、イカについてはちょっと変わっている。一パイ、二ハイと数えるのだ。

この「ハイ」、漢字では「杯」を当てる。イカは、その昔、食用にされるだけではなく、杯の代用品、つまり水を入れる容器にも使われていたのだ。

イカの胴体をくりぬくと、その胴の部分が徳利のようになる。「烏賊徳利」というイカの胴体をくりぬいてつくった日本酒用の徳利もあるくらいだ。

というようなわけで、容器を一杯、二杯と数えるように、イカを一パイ、二ハイと数えるようになったのだ。

一パイ、二ハイと数える魚介類は、ほかにもある。カニやスッポンがそうで、カニやスッポンの甲羅もまた水をすくうための容器になった。そこから、イカと同様、一パイ、二ハイと数えるようになったのだ。

負けず嫌いの「ず」にはどんな意味がある？

「あの人は負けず嫌いだ」というが、この「負けず嫌い」という言葉は、むろん負けることが嫌いという意味。でも、考えてみると、ちょっとヘンな言葉である。

「負けず」の「ず」は、否定を表す助動詞のはず。すると、「負けず」は「負けないこと」であり、「負けず嫌い」は、負けないことが嫌いということになってしまう。文法通りに意味をとると、意味が逆になってしまうのだ。

たしかに、「負けず」の「ず」を否定の助動詞としてとると、そうなる。そこで、「負け嫌い」や「負けじ魂」という言葉が誤用されて、「負けず嫌い」になったという説がある。だが、これには異論もある。「負けず」の「ず」は、否定の助動詞ではないという見方だ。「ず」は、江戸時代には推量の意味にも使われていたのだ。

「ず」を推量の意味にとると、「負けず」は、「負けるだろう」という意味になる。すると、「負けず嫌い」は、〝負けるだろうと思うことすら嫌い〟という意味になるというわけ。

「五分の戦い」の勝ち目はなぜ5パーセントではない？

「実力は五分と五分」や「強豪と五分に渡り合う」という表現がある。いずれの「五分」も、勝ち目が50％ということを意味する。その一方、「分」は「割」の一桁下、小数第2位の単位でもある。野球で三割三分の打率というと、ヒット率が33％ということになる。打率五分なら、ヒットの確率は5％でしかない。

いったい、どちらが正しいのかと思えるが、じつはどちらも正しい。「分」は小数第一位で使うこともあれば、小数第二位で使うこともあるのだ。

日本では、かつて小数を表すとき、「分」を小数第一位に使っていた。その時代は、三分なら30％のことだった。だから、桜の「三分咲き」は、桜が30％開いたことをさし、腹八分目は腹を80％満たしたことになる。

しかし、やがて複雑な計算、数字表現が必要な時代になると、小数第一位には「分」ではなく、「割」を使うようになった。そのとき、「分」は小数第二位の単位としても使われるようになり、打率や金利など、新しく登場した割合の表記は、こちらを使うようになった。

相手は一人でも、どうして友「達」？

友人は、たった一人でも「友達」と呼ぶ。「鈴木君は僕の友達だ」というように使うが、この表現、考えてみると、どこかひっかからないだろうか。ふつう「～達」というときは、複数のものをさす。女性一人のことを「女性達」とはいわないし、自分一人のことを「私達」とはいわない。それなのに、友人の場合だけは、一人でも「友達」なのである。

だからといって、「友達」という言い方が間違った表現というわけではない。「達」は、複数を意味するだけでなく、敬意を表す場合もあるからだ。

「達」という文字は、古くから複数を表すときに使われ、身分の高い人の場合は、一人でも使うようになった。すると、貴人に対して使うことから、敬意を表すニュアンスが強くなり、「公達」など、一人の人物に「達」を使っても、おかしくなくなったのである。

いま友人に対して「友達」というのも、その延長線上にある表現。友人に対して敬意を払っているから、「友達」となるのだ。

「赤い」「黒い」はOKで、「緑い」「黄い」はなぜダメか？

色を表現するときは、「赤い」「黒い」「青い」「白い」など、「○い」と表現する。しかし、すべての色が、この〝方式〟に当てはまるわけではなく、「緑い」「黄い」「紫い」という言葉はない。いずれも「緑色の」「黄色の」「紫色の」という言い方に直す必要がある。

これは、緑、黄、紫といった比較的新しく使われるようになった色彩表現の末尾がすべて「I」で終わるから。

末尾が「I」で終わるため、「い」を送ると、発音しづらい。だから、「色」という言葉を補う必要が出てきたのだ。

その後、生まれた色の名にも、「色」という言葉をつけることで、色に関する言葉はより多彩になった。「水色」や「茶色」「灰色」「朱色」など、いろいろなものに「色」をつけ、多くの色を表現できるようになったというわけだ。

青くないのになぜ「青葉」？　なぜ「青信号」？

「青信号」とはいうが、見た目には緑色である。葉っぱの色合いを「青葉」というが、これも同様に緑色である。それでも、「緑の葉」というより「青々とした葉」のほうがイメージが湧きやすい。日本人にとって「青」は、英語でいうブルーよりも、広い範囲をカバーしている色名なのだ。

日本人が「青い」というときは、おおむね色の濃いもの全体を指すことが多い。「青海苔」にしろ、「青魚」にしろ、じっさいには青くなくても、その色の濃さの印象から「青」を使うのである。「青々とした葉」にしても同様だ。

色の濃いものに対して、「緑」を用いないのは、緑が青よりも新しい言葉だからだろう。古代の色彩表現は、青、赤、黒、白の四つが中心であり、この四色で色は表現されていた。色の濃いものを指すときは、「青」か「黒」だったのだ。

そうして、日本人は長く「青」という言葉になじんできたため、〝新語〟である緑よりも、青のほうがカバーする範囲が広くなっているというわけだ。

お茶の色は緑なのに、茶色が緑でないワケは?

日本茶はご存じのように緑色。にもかかわらず「茶色」というと土色のことになるのはどうしてだろうか。

これは、「茶色」の「茶」が飲む茶ではなく、染料の原料としての茶に由来するためとみられる。

かつて、お茶の葉は飲料としてだけでなく、染料の原料としても使われていた。その茶を原料とする染料の色がブラウンだったため、ブラウンをさして「茶色」というようになったとみられる。

その一方、飲み物としてのお茶にこだわる説もある。たしかに、煎茶や抹茶など、お茶には緑色をしているものが多い。だが、その一方で、ほうじ茶や番茶など、文字どおり茶色のお茶もある。それらのお茶の色から、「茶色」という言葉が生まれたという説である。

「どうも、どうも」の「どうも」って何のこと？

挨拶するとき、「どうも、どうも」ということがある。あるいは、かるい粗相をしたとき、「どうも」のひと言ですませることもある。

この「どうも」、もともとは挨拶言葉ではなく、もっぱら「どうもおかしい」のように使う言葉だったためだが、やがて挨拶言葉の前にもつくようにもなった。「どうもありがとう」や「どうもすみません」といった言い方だ。

その後、「ありがとう」や「すみません」をはしょって、「どうも」とだけ言うようになり、「どうも」という一言が挨拶言葉になったのだ。相手しだいでは、いつもていねいに挨拶するのは面倒だし、他人行儀なところもある。そこで、軽い謝意やほんのささいなミスを謝る場合は、「どうも」ですませるのが、いつしか当たり前になってきたのである。

こうして、「どうも」は、どんなときにでも使える万能型の挨拶語になった。

2 言われてみれば誰もが驚く㊙ネタ

地名の「町」の読み方がマチマチなのはなぜ？

京都観光に訪れた人は、しばしば地名の読み方にとまどうものだ。たとえば、「町」一字にしても、読み方がバラバラなのだ。隣接する木屋町と先斗町は、前者は「きやまち」と読み、後者は「ぽんとちょう」と読む。

これは、京都だけの話ではない。東京も同様で、大手町や麹町は「おおてまち」「こうじまち」と読む一方、番町や淡路町、浜町は「ちょう」と読む。

この「まち」と「ちょう」、読み分け方にはっきりした基準があるわけではなく、その地域に住む人の感覚によって、決まってきたといえる。

じっさい、戦前までは住民たちが「まち」と読もうが「ちょう」と読もうが行政はまったくかかわっていなかった。行政が正しい読み方を決めるようになったのは、戦後になってからのことである。

ただし、「まち」と読むか、「ちょう」と読むかは、地方によって多少の傾向はある。一般に、東日本では「町」を「まち」と読み、西日本では「ちょう」と読む傾向がある。

それでも、一つひとつの地名をおぼえるときには、ほとんど当てにならない。

日本にはどうして鈴木さんと佐藤さんが多いの？

日本人に「鈴木」という姓が多いのは、日本人が稲作の民だということと関係している。「鈴木」の「鈴」は当て字で、もともとは「すすき」といい、「すすき」とは神事に使われる神聖な棒のことをいう。

昔は、稲刈りのあと、刈り取った稲を田んぼに積み上げ、その稲の上に一本の棒を立てて、翌年の豊作を祈る神事を行った。その棒を「すすき」と呼んだのである。農民にとって、この「すすき」は豊作を祈念する神聖な棒であり、その霊験にあやかろうと、「すすき」と名乗る者がふえた。そのとき、「すすき」

に「鈴木」という字を当てたのである。

また、鈴木姓は「熊野信仰」とも関わっている。熊野（和歌山県）では、米の豊作を祈る神官たちが、鈴木姓を名乗っていた。熊野信仰が日本全国に広まる過程で、鈴木姓も縁起のいい名前として全国に広まっていったのだ。日本には、鈴木にかぎらず、稲作にまつわる姓が多い。「田中」や「原田」「稲村」など、「田」や「稲」のつく姓がそうだ。

一方、鈴木と数を争う佐藤は、日本の古代以来の名家である藤原氏を源流とする姓。「藤原」の「藤」にあやかって、「佐藤」としたのだ。「加藤」「内藤」「遠藤」なども同様だ。

東と西の言葉は、どのあたりが境界線になるのか？

日本の方言は、大きく四つの区分に分けられる。東部方言、西部方言、九州方言、琉球方言の四つだ。大ざっぱに言えば、この東部方言が〝東の言葉〟で、西部方言が〝西の言葉〟になる。

たとえば、特徴的な言い回しでは、「行かなければ」といえば東、「行かねば」

が西。同様に「行かない」と「行かん」、「しない」と「せん」、「白く」と「白う」のように、東と西の言葉では各単語の語尾が異なることが多い。

また、発音上の特徴では、東では子音が強くて長く、母音が弱くて短い。西では、逆に子音が短くて弱く、母音が長くなる。

この東部方言と西部方言の境界線を知るためには、東部方言の西端を特定できればいいことになる。

東部方言の中には、さらに「東海東山方言」という区分があって、新潟県、長野県、山梨県、静岡県、愛知県、岐阜県あたりで使われている。一般的には、この西端が〝東の言葉〟と〝西の言葉〟の境界線ということになっている。

俳句の季語はだれがどんな基準で選んでる？

俳句をひねるとき、季語をどう入れるかは頭を悩ませるところだが、この季語、いつの時代も同じというわけではない。時代が変わるとはずされる言葉もあれば、新たに採用される言葉もある。歌は世につれというが、季語もまた世につれて変わるのだ。たとえば、今は、夏の季語として「熱帯夜」や「冷し中華」が採用されている。

このように新たに採用される季語もあれば、削られていく季語もあるわけだが、その基準は明確ではない。季語を決めるのは、季語を収録する「歳時記」の編者であり、その編者の眼鏡にかなえば、季語に採用される。逆に、その編者にとって、その言葉が季節を表すものでなければ、季語には採用されない。

おおむね、「歳時記」の編者は、その時代を代表する俳人らがつとめていることが多い。彼らによって選ばれる季語ではあるが、それは全国の俳句愛好者の〝基準〟となるだけに、十分な客観性も必要になる。

昔話が決まって「むかしむかし」ではじまるのは?

昔話を読むと、最初に出てくるのが、「むかし、むかし」というセリフ。「むかし、むかし、あるところにおじいさんとおばあさんがいました」「むかし、むかし、それはそれは美しいお姫様がいました」といった調子である。

この「むかし、むかし」、出版社やテレビ局がつくった言葉ではない。そのルーツは、古く平安時代にまでさかのぼる。

平安時代には、『今昔物語』や『竹取物語』といった文学が誕生した。今昔物語は、多くの説話を集めた書物であり、竹取物語はかぐや姫のお話である。この今昔物語や竹取物語に、「むかし、むかし」の原型があるのだ。

今昔物語には多くの説話が集められているが、その説話は決まって、「今は昔」という言葉で始まる。また竹取物語も、その冒頭は「今は昔、竹取の翁（おきな）というもの有りけり」だ。「今は昔」とは「今ではない昔」という意味であり、お決まりの表現だったのだ。

この「今は昔」という言い方が変化して、「むかし、むかし」となってきたわけで、「むかし、むかし」という言葉のルーツは、はるか「むかし、むかし」にあるのだ。

他の国にも日本語と同じくらい「ダジャレ」があるか？

日本人は、ときおり外国の人からユーモアに乏しいと言われる。しかし、日本人は、けっしてユーモアのセンスが欠けているわけではない。ことダジャレに関しては、日本人は外国人の追随を許さない。

日本語の特徴の一つは、音の種類が少ないこと。日本語の音の種類は約四〇〇で、これは英語の約四〇〇〇と比べて、一〇分の一でしかない。

ダジャレというのは、似たような音を使いながら、一つの言葉に二つの意味を持たせるもの。日本語は音の種類が少ない分、ダジャレをつくりやすいのだ。また、聞くほうも、それをダジャレとすぐに理解できる。

たとえば、「モーターがモタモタしている」というダジャレがあるが、「モーター」と「モタ」では明らかに音が違う。それでも日本人のダジャレ感覚からすると、許容範囲になる。あるいは、「刺し身に生姜がなくちゃ、しようがない」の「生姜」と「しようが」も同様だ。

3 日本語を書くとき気になる意外ネタ

なぜ日本語には大文字がないのか？

英語やフランス語、ドイツ語などには「大文字」と「小文字」があるが、日本語にはない。大文字、小文字があると、視覚的にメリハリができて、読みやすいものになるが、日本語が英語やフランス語などに比べて、読みづらい言葉ということとはない。日本語には漢字が混ざっているため、カナに大文字、小文字をつくる必要がなかったのだ。

たしかに、ひらがなだけの文書なら、これは読みづらい。「わたしはくうこうへおきゃくをむかえにいきました」とひらがなだけで書いたのでは、なかなか意味を読みとりにくい。一方、漢字で書けるところを漢字にしてみると「私は空港へお客を迎えに行きました」となり、容易に意味をつかめる。

むろん、漢字だらけの文章も、日本人には読みづらい。ひらがなの中に適度に漢字が混ざっているからこそ、読みやすい文章になるのだ。

英語やフランス語にしても、かつては大文字しかなく、ひどく読みづらかった。そこで、小文字が新たに作られ、使われるようになったという経緯がある。

外来語をカタカナで書くってだれが決めた?

外来語を書くときは、カタカナで表記するのが、一般的なルール。この表記法の歴史は意外に古く、江戸時代の中期から始まっている。

新井白石が書いた『西洋紀聞』には、すでに「ロウマといふは、西洋イタリヤの地名にて、天主教の主のある所也」などと、外来語はカタカナで表記されている。

この『西洋紀聞』は、1715年、布教目的で日本に密入国して捕らえられたイタリア人宣教師のシドッチから、新井白石が世界の情報、知識を聞いてまとめたもの。漢字とひらがなで書き表される「漢字ひらがな交じり文」を基本にし、外国の地名、人名、外来語はカタカナで記されているのだ。

また、当時の長崎の通詞（つうじ）たちは、オランダ語をマスターするために単語帳をつくって勉強していたが、彼らもオランダ語をカタカナで表記していたという。もっとも、当時、カタカナは一般の人々にはほとんどなじみがなく、一部のインテリ層しか使えなかった。新井白石も、『西洋紀聞』から約三世紀、カタカナ外来語がここまで氾濫するとは想像もしなかっただろう。

どじょう屋の看板は、なぜ「どぜう」と書く？

どじょうはふだん、泥の中で生活しているところから、漢字では「泥鰌」と書く。それはわかるにしても、どじょう料理の専門店の看板に、「どぜう」と書いてあるのはどういうわけだろうか。

この「どぜう」という看板を見て、歴史的かなづかいにして、老舗の風情を出そうとしていると思う人もいるだろう。しかし、そう考えても、この書き方はおかしいのだ。「どじょう」を旧かなづかいで書くと、「どじゃう」となるからだ。「どぜう」と書くのは、昔、飲食店などの客商売では、偶数の文字を嫌っていたためだ。つまり、「どじょう」（旧かなづかいではどじゃう）という四文字になる書き方を避け、「どぜう」と三文字にすることで、縁起をかついだのである。こういった験かつぎをしたのは、飲食店に限ったことではない。古くから日本では偶数は縁起の悪い数と嫌われ、とくに死を連想させる「四」は商売だけでなく、祝いの席でも御法度とされてきた。

この三文字看板を最初に出したのは、浅草の泥鰌料理専門店の「駒形どぜう」。その後、ほかの店も真似るようになった。

「いろは」と「あいうえお」では、どっちが古いか?

「いろはにほへと」は古くからのもので、「あいうえお」は明治時代以降のものと思われがちだが、案外そうでもない。「あいうえお」の歴史は「いろはにほへと」の歴史と同じくらい古いのである。

「あいうえお」も「いろはにほへと」も、成立したのは平安中期。むしろ、先にできたのは、「あいうえお」という見方が強い。

両者の扱われ方が大きく開くのは、江戸時代になってから。江戸時代になると、寺子屋で「いろはにほへと」が教えられ、全盛期を迎える。これには、理由がある。いろは歌には「色はにおえど……」と、仏教の教えが込められていたからだ。「あいうえお」よりも、いろは歌のほうにありがたみがあり、「いろは」が人気となったのである。

状況が変わるのは、明治時代に入ってから。明治政府は廃仏毀釈といって、仏教に関わるものを排斥する方針をとった。そのとき、仏教的な色彩の強い「いろはにほへと」も、排斥の対象となってしまったのである。代わって、「あいうえお」が学校で教えられるようになった。

カナの濁点は、いつどうやって生まれたのか?

日本語のカナは、濁点を打つと発音が変わる。「か」に濁点を打てば「が」、「そ」に濁点をつければ「ぞ」になる。

カナが誕生する前、濁点はなかった。すべての言葉は、漢字だけで表記されていた。たとえば、「か」という音は漢字の「加」などで表し、「が」は「我」などで表していた。

やがて、日本人は、漢字を簡略化して〝日本のアルファベット〟といえるカナを発明する。そのとき、「が」と読ませたい場合、どうしたかというと、当初は専用のカナをつくらず、単に「か」と書き、文脈や意味合いによって、「が」と読ませようとした。

そうした理由の一つは、昔の日本人が濁音を不浄なものと考えていたこと。日常会話には濁音が必要でも、文章にまで濁音の文字が混じるのを嫌ったのである。ただ、文脈や意味合いを考えながら、清音と濁音を区別するのは、いささか不便である。そこで、しだいに記号で濁音を示す方法が考えられるようになった。点は、黒丸になることもあれば、白丸になることもあった。そうして試行錯誤するうち、いまのような、カナの右上に点を二つ打つスタイルに統一されたというわけだ。

ほとんどの文字が横書きなのに、漢字はなぜ縦書き？

ヨーロッパやアラビアでは、文字はすべて横書きで、一方、中国や日本の漢字は縦書き。この違いはどこからくるのか。

答えは、簡単。ヨーロッパやアラビア文字は横書きのほうが書きやすく、漢字は縦書きのほうが書きやすいからである。一般に、ローマ字やギリシア文字などのように、記号化された文字は横書きが書きやすく、漢字のような象形文字を原型とする文字は、縦書きのほうが書きやすい。

それぞれの文字が、現在の書き方になったのは、最も書きやすい方法を求めて、試行錯誤が繰り返されてきた結果といえる。同じ横書きの文字にしても、ローマやギリシア文字は左から右へ、アラビア文字やヘブライ文字は右から左へ書く。それが、いちばんすらすらと書ける方法だからだ。

たとえば、ギリシア文字にしても、現在の「左から右」というルールに落ち着くまで、いろいろな書き方がされてきた。最初は右から左へ書いていたのが、その後、各行交互に向きを変えて書く時代を経て、今のスタイルになった。

知ってて知らない「送りがな」の法則とは？

送りがなには、けっこう頭を悩まされるものだ。たとえば、「暮らす」。辞書によっては「暮（ら）す」とあり、「暮す」と書いても間違いではない。名詞でも、「気持ち」は普通「気持ち」と書くが、「気持」でも誤りではない。

小説を読んでも、送りがなの送り方は、作家によってさまざまだし、同じ作家の本の中でも、すべては統一されていない場合もある。

また、辞書にない送りがなの使い方をしても、必ずしも間違いとはいえない。作家によっては、わざと「短かい」「何んだ」「驚ろく」といった具合に、一字多く送る人もいる。

というわけで、漢字の送りがなに「これが正しい」というものはない。ただし、基準となるものはある。新聞社が出している「用語集」だ。

新聞社が「用語集」を作っているのは、紙面表記の統一を図るためである。社の方針が決まっていれば、それに従えばいいので記者としても楽なのだ。

送りがなで悩んだときは、さしあたって新聞の用語集を買ってきて参考にするといいだろう。

駅名の「日本橋」のローマ字表記は、なぜNihombashi？

日本橋駅のローマ字表記は「Nihombashi」。「n」となりそうなところが「m」と表記されている。これをそのまま読んだら「ニホムバシ」になってしまう。

なぜ「m」が使われているかというと、ローマ字表記の方法には「日本式」「訓令式」「ヘボン式」の三種類があって、駅名にはヘボン式が採用されていることが多いためである。

まず、日本式は、明治一八年、物理学者の田中館愛橘（あいきつ）が提唱したもの。ヘボン式は、アメリカの宣教師ヘボンが提唱した方式。そして訓令式は、日本式とヘボン式の統一を目的に、昭和一二年、内閣訓令で制定したものだ。

日本式とヘボン式の表記方法の違いをあげてみると、日本式では「シ」を「si」、「フ」を「hu」、「ジ」を「zi」、「チ」を「ti」、「ヲ」を「wo」と書く。それに対して、ヘボン式は「シ」を「shi」、「フ」を「fu」、「ジ」を「ji」、「チ」を「chi」、「ヲ」を「o」と書く。さらにヘボン式の場合は、p、b、mの前の音の「ン」は「m」で書き表すというルールがあるため、「Nihombashi」となるわけだ。

4 知っているだけで差がつく漢字の教養ネタ

漢字にはどうして「音読み」と「訓読み」があるのか？

そもそも漢字にはなぜ「音」と「訓」があるのだろうか。

簡単にいえば、音読みはもともと中国で読まれていた読み方で、訓読みは日本古来の言葉。たとえば、「山」でいうと、音読みの「サン」は、中国でのこの漢字の読み方。訓読みの「やま」は、中国から「山」という字が入ってくる前から、日本で使われていた言葉だ。

ただ、ここでややこしいのは、音読みも訓読みも、それぞれ一つずつと決まっていない点である。

たとえば、「文」。この字は「ブン」とも「モン」とも読むし、「ふみ」とも「あや」とも読む。「生」という字にいたっては、当て字を含めると二百近くの読み方があるという。

そのうち、複数の音読みがある理由は、中国でも時代や地域によって、漢字の読み方が異なり、何種類もの読み方が日本に入ってきたためである。漢字の音読みの代表的なものとしては、日本が受け入れた古い順に呉音、漢音、唐音の三つがある。

メスもいるのに、なぜ牡蠣は「牡」の字が使われる？

「牡蠣」と書いてカキと読む。オスでもメスでも「牡蠣」である。どうしてメスもいるのに「牡」という字をつけるのだろうか。

その理由は、昔の人が「カキにはオスしかいない」とカン違いしていたこと。昔の人は、カキの食用にする白っぽい部分を精巣だと思いこんでいたのだ。

じっさい、カキの雌雄はちょっと見ただけではわからない。生殖器官を取り出して、顕微鏡で調べなければ判断できないほど、区別しにくいものだ。昔の人が誤解したとしても無理はない。

ちなみに、「牡蠣」と書く由来については〝お酢〟で食べるからという説もあるが、これはまったくの俗説。

火の車ってどこを走る「車」？

「火の車」は、家計が困窮してやりくりに困るさまを表す言葉。

この言葉がいまの意味で使われるようになったのは、江戸末期のことで、もとは仏教用語。仏教では、生前に悪事を重ねた人は、死ぬと、火の燃え盛る車に乗せられて地獄中を引き回されるとされてきた。

そこから、「火の車」は地獄の苦しみをあらわす言葉となり、江戸時代になってから、家計の苦しい様子をたとえる言葉となった。当時の川柳に「火の車娘地獄の責めにあい」とあるが、これは生活が苦しいため、身を売って一家の犠牲になった娘の苦しみをよんだものである。

そもそも「樽」のどこが「尊」いのか？

木偏に「尊」と書いて「樽」。いったい樽のどこが尊いのだろうか？

これは、樽そのものが尊いというわけではない。昔は、徳利のような酒器のことを「尊」と言い、樽は木でできた酒器なので、木偏をつけて「樽」という字になっただけのことだ。

それでは酒器が尊いのかということになるが、これもそうではない。尊いのは、神様である。神様を尊ぶための祭礼で、「尊」が用いられていたため、単に酒器という意味だった「尊」に「尊い」というイメージが生まれ、そこから「尊」にいまのような意味が生じたのである。

また、樽を「たる」と呼ぶのは、樽から酒が〝垂れる〟ところから。もともとは「タリ」で、それが変化して「タル」になった。

「鳥」と「島」には何か関係があるのか？

「鳥」と「島」は、互いによく似ている。小学生の頃、この二つをセットで覚えた人もいれば、混同した人もいるはずだ。どうして、この二つの漢字は、こんなに似ているのだろうか。

まずは、「鳥」から。この字が象形文字であることはだれでも見当がつくだろう。書家が書いたこの字を見ると、本当に鳥の姿に見えるものだ。

一方の「島」は、これを象形文字と思う人はいないだろう。この字は、「鳥」＋「山」が字源となっている。島は海鳥が羽を休めたり、産卵をしたりする場所。そこから、「島」という字が生まれたのである。

ところで、トリをさす漢字には、「鳥」以外にもいろいろな文字がある。最近は、鳥といえば「鳥」を使うが、鳥類全体を「禽」、尾の長いのを「鳥」、尾の短いのを「隹」と区別していた時代もあった。

また、十二支で「鳥」の代わりに使われている「酉」は、もともとは酒をつくる瓶の形から生まれた象形文字で、空を飛ぶ鳥とは関係がない。

漢字の使い方に厳しい新聞の題字がなぜ旧漢字？

新聞記事では、常用漢字外の漢字を原則として使わない。どうしても使わなければならない場合は、フリガナを振るなど、社によっていろいろな取り決めがある。

それだけに、ちょっと気になるのがその題字。たとえば、朝日新聞の題字を見てもらいたい。ここで使われている「朝」の字は、あきらかに普通の「朝」の字と違う。

読売新聞の題字も普通の「読」と「売」ではない。記事の中では使わないはずの「讀賣」という旧漢字が使われている。

題字というのは、企業でいうところのロゴマーク。だから、一般の用法とは別に考えているわけだ。

ちなみに、朝日新聞の題字は、１８７９年の創刊時から変わっていない。この題字は唐の四筆の一人、欧陽詢の『大唐宋聖観記』から拾われたもので、「朝」の字が普通の朝と違うのは、唐の時代のものだからである。

読売新聞の題字も、基本は１８７４年の創刊以来変わっていない。が、書体は時代によって草書体だったり、明朝体だったりと変化している。

偉いはずの「閣下」に「下」という字がつくワケは？

お殿様のことを「お上(かみ)」というのは、位が上だから。その一方で、「陛下」

「殿下」「閣下」という呼び方もある。いずれも位の高い人々への尊称なのに、どうして「上」ではなく、「下」の字がつくのだろうか。

まず、「陛下」だが、この「陛」は天子の宮殿にある階段のこと。この「陛」に「下」をつけることで、「階段の下でつねに控えております」という気持ちを表現しているのである。

「殿下」「閣下」も同様で、「殿」「閣」は宮殿楼閣のこと。つまり、殿下、閣下という呼称には、「宮殿楼閣の下で控えております」という意味が込められている。

これら、「陛」とか「殿」といった建物の名称を使うのは、名前で呼ぶのは畏れ多いと建物の名を使って間接的に呼ぶことで、深い畏敬の念を表現しているのである。

虫でもない「蛇」が虫偏なのはどうして?

蜂、蟻、蝉などは、いずれも昆虫。一方、同じ虫偏の漢字でも、蛇は爬虫類だ。どうして、虫でもないのに虫偏なのだろうか。

これは、昔と今では、「虫」の意味する範囲が違うから。現在では「虫」というとおおむね昆虫類をさすが、昔は動物でも植物でも、鳥でも魚でもない小さな生き物は、みな「虫」に分類していた。蛇が虫偏なのは、その名残りというわけである。蚯蚓（みみず）にしても、昆虫ではないが、虫偏の漢字を二つ並べる。

これは、「虫偏」に限ったことではない。たとえば、クジラ。クジラがほ乳類であることは今では誰もが知っているが、昔はクジラも「魚」の一種と考えられていた。だから、漢字では「鯨」と魚偏がつく。鰐も、魚ではないが、水の中に住んでいるため、魚偏だ。

このような、現代人の感覚でいえば、漢字の偏やつくりと、その意味がミスマッチになっている例は、他にもいろいろとある。

たとえば、箸も現代では竹製の箸などほとんどないが、昔は竹でつくっていたので竹冠が使われている。

第5章

「音読」すればもっと好きになる日本語

1 声に出して読みたい世界の「名言」

□柔よく剛を制す

中国の思想家・老子の言葉。しなやかなものが、その柔軟性によって、強く、堅いものに勝つこと。現代では、力の弱い者や小さい者が、力の強い者、大きい者に勝つたとえとしてよく使われる。柔道をはじめ、格闘技で用いられることが多い。

□心頭滅却すれば火もまた涼し

唐の詩人・杜荀鶴の七言絶句中の言葉。「心頭」は心のこと。無念無想の境地にあれば、苦痛も苦痛ではなくなる。要は心の持ち方ということ。日本では戦国時代、織田信長の軍勢の焼き討ちにあった甲斐の恵林寺（えりんじ）の禅僧快川（かいせん）が、火の中でこの言葉を唱えて焼死したことで有名。

□初心忘るべからず

室町時代の能楽師・世阿弥元清（もときよ）の『風姿花伝』より。現在、一般的には、学び始めたころの、謙虚で緊張した気持ちを、いつまでも失ってはいけないという意味で使われている。

□彼を知り己（おのれ）を知れば百戦あやうからず

中国の兵法書『孫子』より。敵と味方の情勢を知り、その長所・短所をつかんでいれば、何度戦っても負けることはないということ。このあと、己を知って敵を知らなければ勝負は五分五分、己も敵も知らなければまったく勝ち目がないと続く。

□己の欲せざるところは人に施すなかれ

孔子の『論語』より。自分が好まないこと、望まないことを、他人にもしてはいけないということ。孔子の弟子・子貢が「一言で、終身行うべきことは何か」と問いかけたのを受けての孔子の言葉。

□為(な)せば成る、為さねばならぬ何事も、為さぬは人の為さぬなりけり

江戸時代、米沢藩主・上杉鷹山(ようざん)が息子に家督を譲るとき、教訓として与えた歌。鷹山は、米沢藩の財政を再建させたことで知られる。「やろうとすれば何でもできる。やろうとしなければ何事もできない。できないのは、人がやろうとしないからだ」という意味。

□智に働けば角が立つ、情に棹させば流される

夏目漱石の『草枕』の一節。主人公が山路でつぶやいた人と世の関係を表した言葉。世の中を理屈で通そうとすると、どこかで衝突が起きる。情をもとに生きていこうとすると、流される一方となる。人の世の住みにくさを語った言葉。

□敗軍の将は兵を語らず

漢の歴史家・司馬遷の『史記』より。漢の武将・韓信は、趙を破り、名軍略家の李左車を生け捕りにする。韓信が李左車に燕と斉の攻略法を尋ねたときの李左車の返答。戦いに敗れた将軍は、兵法について語る資格がないということ。

そこから失敗した者は、それについて語る資格がないことのたとえ。

□断じて行えば鬼神も之を避く

司馬遷の『史記』より。秦の始皇帝の死後、宦官の趙高が、帝の末子に帝位を奪うことをそそのかしたときの言葉。強く決意して断行すれば、鬼神も避けて通り、意志どおりになるということ。『史記』では悪事の断行に用いられたが、今はよい意味に使われる。

□天道是か非か

司馬遷の『史記』より。『史記』の中では、善人や義の人が刑罰を受けたり、悲惨な最期を遂げている一方、悪人が人生をまっとうすることもある。司馬遷は、これに疑問を持たずにはいられなかった。そんなことがあってもいいのか、天の道は正しいのか正しくないのかということ。

□衣食足りて礼節を知る

古代中国の春秋時代、斉の宰相・管仲の書とされる『管子』より。もとは「倉廩（穀物倉庫のこと）実つれば則ち礼節を知り、衣食足れば則ち栄辱を知る」。人は、物質的な不自由を感じなくなって、初めて礼儀に心を向けられるようになるということ。

□老兵は死なずただ消え去るのみ

日本を占領した連合国軍の最高司令官マッカーサーが、トルーマン大統領に解任されたあと、アメリカ議会で述べた言葉。もとは、第一次世界大戦中のイギリス軍歌『J・フォリオ』にある言葉。老いた兵士は戦場で死ぬことはなく、ただ戦場から寂しく去るだけだという意味。

□民は之を由らしむべし、之を知らしむべからず

孔子の『論語』より。もとは、為政者の定めた方針に人を従わせることはできるが、なぜそのように定められたか、その理由を人に理解させることは難しいという意味。ところが後世、政府の意図するところを民に教える必要はないという、為政者に都合のいい解釈が生まれた。

□善人なおもて往生をとぐ、いはんや悪人をや

浄土真宗の開祖親鸞の語録『教行信証』より。善良な人ですら極楽浄土に行けるのだから、悪人が行けないはずがないということ。煩悩の多い悪人は、自力では悟りを得にくいので、だからこそ阿弥陀仏が救済しなければならないという思想を表した言葉。

□朝(あした)に道を聞かば夕べに死すとも可なり

孔子の言葉。ある朝、人としての道や真理を悟ることができたなら、その夕方に死んでも悔いはないということ。真理に達することが重要だという教え。異説もあり、ある朝、乱れきった道義が回復されるなら、私はその日の夕方に死んでもいいという、乱れた世への孔子の嘆きとも。

2 最後まで噛まずに言いたい「早口言葉」

□青巻紙（あおまきがみ）　赤巻紙（あかまきがみ）　黄巻紙（きまきがみ）

□馬屋（うまや）の前（まえ）のぬれ生藁（なまわら）

□親亀（おやがめ）の上（うえ）に子亀（こがめ）　子亀（こがめ）の上（うえ）に孫亀（まごがめ）　孫亀（まごがめ）の上（うえ）にひ孫亀（まごがめ）

□蛙（かえる）ひょこひょこ三（み）ひょこひょこ　合（あ）わせてひょこひょこ六（む）ひょこひょこ

□鴨（かも）が米（こめ）噛（か）む　子鴨（こがも）が小米（こごめ）噛（か）む

□京（きょう）の生鱈（なまたら）　奈良生（なま）まな鰹

□巣鴨駒込　駒込巣鴨　親鴨子鴨　大鴨小鴨

□李も桃も桃のうち

□狸百匹　箸百膳　天目百杯　棒八百本

□隣の客はよく柿食う客だ

□坊主が屏風に坊主の上手な絵をかいた

□向かいの長押の長薙刀は、たれが長長押の長薙刀ぞ

□向こうの竹垣へ、なぜ竹立てかけた、竹立てかけたさに、竹立てかけた

□わいとこの門でわいわい言いな、わいとこのおかんにわいわい叱られる

3 子どものほうが案外覚えている「俳句」

◉教養としての松尾芭蕉の俳句

□山路来て何やらゆかしすみれ草

『野ざらし紀行』より。「春、山路を歩いていて、ふと道端に目をやると、すみれ草が咲いていることに気づいた。その愛らしさは、何とも言われぬものだ」の意。季語は「すみれ草」で春。熱田の白鳥山での句とされる。

□行く春や鳥啼き魚の目は泪

『おくのほそ道』より。「去りゆく春を惜しむかのごとく、鳥は鳴き、魚までもが涙しているようだ」という意。『おくのほそ道』の旅に出立する際の句であり、行く春を惜しむ情によって、旅立ちの惜別の情を表現したとされる。

□五月雨（さみだれ）をあつめて早（はや）し最上川（もがみがわ）

『おくのほそ道』より。「五月雨」は梅雨のこと。山形県の最上川は、日本三大急流の一つ。「目の前を流れる最上川は、梅雨によって水かさが増し、その流れも早くなっている」という意。もとは「あつめてすずし」だったが、これを「あつめて早し」と改めた。

□夏草（なつくさ）や兵共（つわものども）がゆめの跡（あと）

『おくのほそ道』より。岩手県平泉の城跡を訪ね、かつて兄・源頼朝に追われた源義経が、この地で奮戦、討ち死にしたことを思っての句。「目の前には夏草が生い茂るばかりで、かつてこの地で義経らの軍勢が奮戦したことも、夢まぼろしのようだ」という意。

□古池や蛙飛びこむ水の音

『春の日』より。「いつもと変わらぬ古池に水の音がした。蛙が飛び込んだのだ」との意。蛙の動きと音によって、静かさを際立たせた、芭蕉の句というより俳諧を代表する一句。当初は「山吹や」だったというが、より静かな風情を求めて「古池や」となった。

□閑かさや岩にしみ入る蟬の声

『おくのほそ道』より。山形県の立石寺で、日没間際に詠んだ句。立石寺は山の頂きにあり、山全体に岩が多いことで知られる。「日暮れどきの静けさのなか、鳴き終わりつつある蟬の声が、まるで岩にしみ入っていくかのようだ」という意味である。考証から、この蟬はニイニイゼミとみられている。

□ 荒海（あらうみ）や佐渡（さど）によこたふ天河（あまのがわ）

『おくのほそ道』より。季語は「天河（天の川）」で秋。「夜の闇のなか、風が強く、荒海の向こうに、ほのかに佐渡島が見える。上空を見上げれば、天の川の星群がほの白く見える」という意。佐渡島の黒と天の川の白のコントラストを描いた一句。

□ 五月雨（さみだれ）の降（ふり）のこしてや光堂（ひかりどう）

『おくのほそ道』より。奥州藤原三代によって築かれた平泉中尊寺での作。「光堂」とは中尊寺阿弥陀堂（金色堂）のこと。「光堂だけには、五月雨が降るのも遠慮したようで、光り輝いて見える」という意。

□ 物（もの）いへば唇（くちびる）寒（さむ）し秋（あき）の風（かぜ）

「人前でもっともらしいことを言うと、その唇に冷たい秋風が吹きつけてきて、うすら寒く感じるものだ」という意。中国の古典『文選』の中に「人の短をいふ事なかれ、己が長をとく事なかれ」とあり、芭蕉はこれを自戒とし、句にも応用した。

□名月や池をめぐりて夜もすがら

中秋の名月を鑑賞しての句。「今宵、あまりに美しい名月を楽しみ、池の水に映る名月を追いかけて回っているうちに、いつのまにか夜を徹してしまった」という意。「月」を詠んだ句では、芭蕉随一の名句とされる。

□秋深き隣は何をする人ぞ

「秋も深まってきた旅路にあって、旅先の家で、病を得て静かに過ごしている。隣にも人はいるようだが、物音を立てずにひそやかに暮らしている。どのような仕事をしているのか、想像していくと、その人が静かさを好むゆかしい人にも思えてくる」という意。

□旅(たび)に病(やん)で夢(ゆめ)は枯野(かれの)をかけ廻(めぐ)る

生涯、旅とともにあった芭蕉の辞世の句。「旅の途中で、病に冒され、臥しているが、夢の中では、いまだ枯野を旅している」という意。芭蕉は、辞世の句をつくらないつもりだったが、結果的にこの句が辞世の句となった。芭蕉は「旅に病でなほかけ廻る夢心」とも考えていた。

◉教養としての与謝蕪村の俳句

□春(はる)の海(うみ)終日(ひねもす)のたりのたりかな

江戸中期に活躍した、与謝蕪村の代表作として知られる一句。須磨(すま)（兵庫県）の海で詠んだ。「のどかな春の海を見ていると、一日じゅう波がのたりのたりと寄せては返している」という意。のたりのたりと一日をのんびり過ごしているさまが伝わってくる句。

□なの花や月は東に日は西に

大阪平野では、かつて菜種栽培がさかんで、その菜種畑の風景を詠んだ一句。「春の夕暮れ、一面黄色く覆われた菜種畑の東からは月が現れ始め、その西では太陽が沈もうとしている」という意味で、昼と夜の交代の美しさを詠んだ蕪村の代表句。

□さみだれや大河を前に家二軒

「五月雨で増水した大きな川のすぐ近くに、二軒の家が心細い感じで立っている」という意。大自然の強大な力を前にして、人間の弱くもけなげな営みを描いた句。

□月天心貧しき町を通りけり

「澄みわたった天の真ん中に月がかかり、夜もふけたころ、貧しい町を通った。町は静まり、日中は貧しく汚れて見える町さえも、月あかりの下では清く見えてくる」という意。当初は、冒頭を「名月や」と詠んでいたが、「月天心」に変えた。

□牡丹散て打かさなりぬ二三片

季語は「牡丹」で夏。牡丹の花は、全体が崩れるように散っていく。「夏、牡丹の花が散り始め、まだ残っていた二、三枚も地面に落ちてしまい、静かに重なり合っている」という意。滅びの静かな美しさを詠んだ句。

◉教養としての小林一茶の俳句

□目出度さもちう位也おらが春

江戸時代の俳人・小林一茶の『おらが春』の冒頭句。正月を迎えて、自分のめでたさを詠んだ。「妻もあり、子もある身としては、めでたいと言えばめでたい。だが、自分の寿命や健康がいつまでも続くものではない。そう考えると、自分にとって正月のめでたさは、中くらいというところだろうか」という意。

□やせ蛙(がえる)まけるな一茶(いっさ)是(これ)にあり

一茶の代表句の一つ。春先になると、ヒキガエルが集まって、オスがメスを取り合う「カエル合戦」と呼ばれる群婚が始まる。一茶はこの群婚の様子を見て、弱者のカエルを応援した。「やせたカエルよ、負けるな。一茶がついて応援しているぞ」という意。

□我(われ)と来(き)て遊(あそ)べや親(おや)のない雀(すずめ)

『おらが春』より。一茶は、3歳のときに母を失い、8歳のときから継母に育てられたが、継母との折り合いは悪かった。孤独感を深めた一茶は、親から離れてしまった子雀に自分を投影した。「親と離れてしまった子雀よ、同じく孤独な私と一緒に遊ぼうよ」という意。

□雀（すずめ）の子（こ）そこのけそこのけ御馬（おうま）が通（とお）る

『おらが春』より。季語は「雀の子」で春。雀の子が道でエサをついばんでいるところに、馬がやって来た風景を詠んだ。「エサをついばんでいる雀の子よ、どいた、どいた、お馬がやって来るぞ。早くどかないと、踏まれてしまうよ」という意。

□やれ打（うつ）な蝿（はえ）が手（て）を摺足（すりあし）をする

季語は「蝿」で、夏。「やあ叩くな。ハエが手や足をすり合わせて、助けてくれと拝んでいるではないか」という意。「手をする足をする」となっている本もあるが、正しくは「手をすり足をする」のようだ。

◉教養としての正岡子規の俳句

□柿(かき)くへば鐘(かね)が鳴(な)るなり法隆寺(ほうりゅうじ)

明治時代の俳人・正岡子規の句。子規が東京から故郷・松山へ帰省する途中、奈良に立ち寄ったときのもの。「法隆寺の近くの茶店で、柿を買って食べ始めたとたん、法隆寺の鐘が鳴り響いてきた」という意。柿と法隆寺とのコントラストが強い印象を与える。

□いくたびも雪(ゆき)の深(ふか)さを尋(たず)ねけり

晩年、子規は病床にあって、外の風景を知ることができなかった。加えて、四国の松山育ちの子規にとって、雪は珍しいものだった。その雪を見ることができない無念さを詠んだ句。「外は雪だと聞いたので、何度も家人に雪の深さを尋ね、想像してみた」という意。

□ 鶏頭（けいとう）の十四五本（じゅうしごほん）もありぬべし

子規が重視した「写生」の真髄と言える一句。「鶏頭」はヒユ科の一年草で、季語は秋。子規は鶏頭を好み、家の庭にも植えられていた。その群生を見ての句。「鶏頭が十四、五本はきっとあるだろう」との意。鶏頭は花であって、花らしくない。その鶏頭のありようを衝いた句とされる。

□ 糸瓜（へちま）咲（さい）て痰（たん）のつまりし仏（ほとけ）かな

病床の子規が、死ぬ前日に詠んだ句。季語は「糸瓜」で秋。自らの死を悟り、自らを「仏」として句にした。「ヘチマの花が咲くかたわらで、私は痰がつまり、もう長くはない。仏（死者）になったようなものだ」という意。

◉日本人が一度は目にしているその他の俳句

□朝顔（あさがお）に釣瓶（つるべ）とられてもらひ水（みず）

江戸時代の俳人・加賀千代女（かがのちよじょ）の句。「朝、早起きをして井戸の水を汲もうとしたら、朝顔のつるが井戸の釣瓶にからみついていた。釣瓶から朝顔を無理に離すわけにもいかず、隣家に水をもらうことになった」という意。当時、朝顔を育てることが流行り、多くの家でたいせつに育てられていた。

□梅一輪一（うめいちりんいち）りんほどのあたゝかさ

江戸時代の俳人・服部嵐雪（らんせつ）の句。「冬の終わり、梅の花が一輪咲いた。たった一輪でしかないが、たしかに一輪分だけ、暖かくなってきている気がするよ」という意。「梅が一輪、また一輪と咲くごとに、暖かくなってきた」と解釈するのは誤り。「梅一輪」で区切って「一りんほどのあたたかさ」と読む。

□目(め)には青葉山郭公(あおばやまほととぎす)はつ鰹(がつお)

江戸時代の俳人・山口素堂(そどう)の鎌倉での句。「郭公」はホトトギス。「山」は「青葉山」と「山郭公」と両方にかかる。「鎌倉の山の青葉は目に美しく、山からのホトトギスの鳴く声もまた美しい。そのうえ初鰹のなんとうまいことよ」という意。

□鐘(かね)一(ひと)つうれぬ日(ひ)はなし江戸(えど)の春(はる)

江戸時代の俳人・宝井其角(たからいきかく)の句。季語は「江戸の春」で新年。江戸の繁栄をうたった句。「お寺の鐘など、めったに売れるものではないと思いがちだが、江戸では鐘が一つも売れないという日はない。それくらい景気のいい江戸にまた、新年がやって来た」という意。

□菫程(すみれほど)な小(ちい)さき人(ひと)に生(うま)れたし

明治の文豪・夏目漱石の有名な句。「すみれの花のような人に、私はなりたい」という意だが、じつは、漱石がひそかに思いを寄せていた人妻・大塚楠緒子(くすおこ)への愛の句。楠緒子の歌に「すみれ」があり、彼女主宰の会が「すみれ会」だった。

□流(なが)れゆく大根(だいこん)の葉(は)の早(はや)さかな

明治から昭和にかけての俳人・高浜虚子(きょし)の句。小川にかかった橋の上でたたずんでいるときのもの。「橋から小川の流れに目をやると、大根の葉が流れてくる。その早さに圧倒され、心を奪われてしまった」という意。

□桐一葉(きりひとは)日当(ひあ)たりながら落(お)ちにけり

高浜虚子の句。季語は「桐一葉」で秋。「秋、桐の葉が一枚、日の光に当たりながら、ゆっくりと落ちていった」という意。「日当たりながら」で、桐の葉が地面に落ちていくさまを、スローモーション画面で見るかのように詠んだ。

□赤い椿白い椿と落ちにけり

明治から昭和にかけての俳人・河東碧梧桐の句。季語は「椿」で春。椿は、サクラのように花びらが一枚一枚と落ちていく花ではなく、花全体がポトリと落ちる。「赤い椿、白い椿がポタリと落ちている」という意。赤と白のコントラストが織り成す色彩美に焦点を当てた。

□降る雪や明治は遠くなりにけり

明治から昭和にかけての俳人・中村草田男の句。中村自身は明治34年（1901年）生まれ。この句の成立は昭和11年（1936年）ごろだから、明治が終わっておよそ四半世紀。「降りしきる雪を見ていると、明治時代はずいぶん遠いものになってしまったと思う」という意。明治への郷愁を詠んだ句。

□ 校塔（こうとう）に鳩多（はとおお）き日（ひ）や卒業（そつぎょう）す

中村草田男の句。季語は「卒業」で春。「校舎の塔にずいぶん多くの鳩が集まっている日に、ようやく卒業できる」という意。中村は32歳のときに、ようやく東京大学を卒業している。卒業の感慨を詠んだ句。

□ 青蛙（あおがえる）おのれもペンキ塗りたてか

小説家・芥川龍之介の句。季語は「青蛙（雨蛙）」で夏。「アマガエルの色は、じつに鮮烈で、まるでペンキの塗りたてのようだ。アマガエルよ、おまえにも〝ペンキ塗りたて〟の看板をつけてやろうか」という意。

□ 水枕（みずまくら）ガバリと寒（さむ）い海（うみ）がある

明治から昭和にかけての俳人・西東三鬼（さいとうさんき）の句。「病に臥せり、水枕の上で頭を動かしたとき、ガバリという音とともに、水枕の下に寒い暗黒の海が待ち受けているような気がして、ゾッとした」という意。死の影に怯えた心象を詠んだ句。

□分(わ)け入(い)つても分(わ)け入(い)つても青(あお)い山(やま)

明治から昭和にかけての俳人・種田山頭火(たねださんとうか)の句。五七五ではない自由律の俳句で、季語もない。山頭火は煩悩を絶つために托鉢僧となり、放浪の半生を送った。「緑に覆われた山の中に入っても、ただ歩くだけで終わりがない。歩き続けるしかない」という意。

第6章　大人の基礎教養としての「漢字」

1 基本の漢字を、侮ってはいけない①

□健気
□成敗
□玄人
□雑魚
□山車
□労役

〔けなげ〕 心がけや態度がよいこと。「健気な子供」など。
〔せいばい〕 罪人などを処罰すること。「悪を成敗する」など。
〔くろうと〕 その道に熟達した専門家。素人でありながら玄人が驚くほど技芸に優れた人のことを「玄人裸足(はだし)」という。
〔ざこ〕 いろいろな種類の小魚。「雑魚寝」など。
〔だし〕 華やかに飾った祭事用の車。
〔ろうえき〕 体を使ってする仕事。「労役に服する」など。「ろうやく」ではない。

□小豆
□験がよい
□礼讃
□古文書
□福音
□言質
□手応え
□身を粉にする
□戒める
□なす術がない

〔あずき〕　えんじ色の豆。餡などの材料になる。
〔げんがよい〕　縁起がよいこと。「けん」ではない。
〔らいさん〕　ほめたたえること。×「れいさん」。
〔こもんじょ〕　昔のことが記された古い文書。「こぶんしょ」と読むのはNG。
〔ふくいん〕　よい知らせ。×「ふくおん」。
〔げんち〕　あとで証拠となる言葉。「言質をとる」など。「げんしち」ではない。
〔てごたえ〕　働きかけたときに返ってくる反応。
〔みをこにする〕　体を使って懸命に働くこと。×「こな」。
〔いましめる〕　禁止する。注意する。×「いさめる」。
〔なすすべがない〕　どうしようもなく困り果てている状態のこと。×「じゅつ」と読んではいけない。

2 基本の漢字を、侮ってはいけない②

□月極
□相半ばする
□性に合う
□清水焼
□称える
□角隠し
□読経

〔つきぎめ〕 決められた月額で契約すること。「げっきょく」はよくある読み間違い。
〔あいなかばする〕 二つのものが同じぐらいであるさま。
〔しょうにあう〕 性格や好みが合うこと。
〔きよみずやき〕京焼の一派。×「しみずやき」。
〔たたえる〕 立派だとほめること。「讃える」とも書く。
〔つのかくし〕 花嫁が髪をおおう白いかぶり物のこと。
〔どきょう〕 声を出してお経を読むこと。「どっきょう」ではな

□**甲高い**

□**一丸**

□**幸先**

□**白夜**

□**解せない**

□**静脈**

□**血眼**

い。

〔かんだかい〕　声や音の調子が、高くするどい。「甲高い声」など。「こうだかい」と読むのはNG。

〔いちがん〕　一つにかたまること。「一丸となって戦う」など。

〔さいさき〕　いいことが起こる兆し。「幸先がいい」など。なお、「幸先が悪い」という言葉はない。

〔はくや〕　高緯度地域でみられる夜でも明るい空。「びゃくや」とも読む。

〔げせない〕　理解できない。納得いかない。「かいせない」と読んではいけない。

〔じょうみゃく〕　毛細血管から血液を心臓へと運ぶ血管。「静脈注射」など。

〔ちまなこ〕　血走らせている目。「血眼になって探す」など。

3 基本の漢字を、侮ってはいけない③

□生え抜き
〔はえぬき〕 組織に最初から属して、現在に至っている人。

□非力
〔ひりき〕 腕力や能力など、力が弱いこと。「非力な総理」など。

□総帥
〔そうすい〕 全軍を率いる総大将。企業グループなど、大きな組織を束ねる人。

□道産子
〔どさんこ〕 もとは、北海道産の馬。比喩的に北海道生まれの人のこと。

□御用達
〔ごようたし〕 宮中に納めることを認められた商人やその品。×「ごようたつ」。

□久遠
□金看板
□生一本
□気風がいい
□直向き
□好事家
□清々しい
□門跡
□今生
□御利益

〔くおん〕　かなり遠いという意。「久遠の理想」など。

〔きんかんばん〕　世間に堂々と掲げる立場や主張。「金看板を掲げる」など。

〔きいっぽん〕　混じりけがなく純粋なこと。×「なまいっぽん」。

〔きっぷがいい〕　気前・気性がよいこと。「気風がいい女将」など。

〔ひたむき〕　物事に熱中するさま。「直向きに働く」など。

〔こうずか〕　風流なことを好む人。

〔すがすがしい〕　爽やかで気持ちがいいこと。「清々しい季節」など。

〔もんぜき〕　皇族や貴族が出家して暮らした寺院。

〔こんじょう〕　この世のこと。「今生の別れ」など。

〔ごりやく〕　神や仏が人に与える利益のこと。×「ごりえき」。

□反物
□行灯
□氷室
□十二単
□案山子
□強か
□三和土
□角が立つ
□進物
□早生
□温気

〔たんもの〕　着物をつくるのに必要な分量(＝一反)に仕上げた織物。
〔あんどん〕　中に油入りの皿を入れて火を灯す照明用の道具。
〔ひむろ〕　氷を貯蔵しておくところ。
〔じゅうにひとえ〕　平安時代の女官・女房の装束。
〔かかし〕　田畑に立てカラスをおどすワラ人形。
〔したたか〕　強くてしぶといさま。「強かな交渉力」など。
〔たたき〕　日本家屋の土間。
〔かどがたつ〕　事がもつれて面倒になるさま。
〔しんもつ〕　贈り物のこと。×「しんぶつ」。
〔わせ〕　早熟なこと。もとは、早く実をつける作物のこと。
〔うんき〕　湿気をふくんだ暖かい空気。熱気。×「おんき」。

4 1秒で読めますか？　使えますか？①

□小間物
□市井
□残り香
□管を巻く
□童歌
□独楽
□双六

〔こまもの〕　日用品や化粧品など、細々した品物。
〔しせい〕　人が多く住んでいるところ。「市井の人々」など。
〔のこりが〕　人が去った後も残る匂いのこと。
〔くだをまく〕　酔っ払って、くだらない話を繰り返すこと。
〔わらべうた〕　子供（＝童）の間で歌われてきた歌。
〔こま〕　軸を中心に回して遊ぶおもちゃ。
〔すごろく〕　サイコロをふり、上がりに向けてコマを進める遊び。

□薬玉
□納戸
□正札
□店賃
□脚気
□身銭
□栄えある
□塩梅
□出汁
□祝言

〔くすだま〕　式典や運動会などで用いる飾りの玉。×「くすりだま」。
〔なんど〕　ふだん使わない物を収納しておく部屋。
〔しょうふだ〕　掛け値なしの値段を書いた札。「正札販売」など。
〔たなちん〕　家賃のこと。「店賃が滞る」など。×「みせちん」。
〔かっけ〕　末梢神経の麻痺を引き起こす病気。ビタミンB_1の欠乏によって起きる。
〔みぜに〕　自分のお金のこと。「身銭を切る」など。
〔はえある〕　名誉ある。「栄えある優勝」など。
〔あんばい〕　味かげんのこと。
〔だし〕　鰹節を煮出してとった旨味のこと。×「でじる」。
〔しゅうげん〕　もとは祝いの言葉。結婚式という意も。

5 1秒で読めますか？　使えますか？②

□無下
□富貴
□感応
□湖沼
□食言
□定法
□出初式

〔むげ〕　劣っていること。どうしようもないこと。「無下に扱う」など。
〔ふうき〕　財産があり、地位や身分が高いこと。
〔かんのう〕　心が動くこと。×「かんおう」。
〔こしょう〕　湖と沼の総称。
〔しょくげん〕　前言と違うことを言うこと。うそをつくこと。
〔じょうほう〕　そうするものと決まっている規則。
〔でぞめしき〕　新年に行われる消防関係の仕事初めの式。

□読点
□大時代
□総花的
□太太しい
□悪食
□評定
□身代
□流罪
□河岸
□陽炎

〔とうてん〕　文中に入れる「、」の記号。なお「。」は句点。
〔おおじだい〕　古くさいこと。大仰なこと。×「だいじだい」。
〔そうばなてき〕　どんな人にも都合よくすること。
〔ふてぶてしい〕　図太いさま。「太太しい態度」など。
〔あくじき〕　ゲテモノ食いのこと。×「あくしょく」。
〔ひょうじょう〕　人々が集まり、相談して決めること。「小田原評定」など。
〔しんだい〕　財産のこと。暮らし向きや地位のこと。
〔るざい〕　罪を犯した者を離島などに流す刑。なお「流刑」は「りゅうけい」。
〔かし〕　海や川のそばの岸。魚河岸（魚市場）の略。
〔かげろう〕　温まった空気がゆらゆら立ちのぼるさま。

□野点

□夕映え

□白湯

□産湯

□必定

□参内

□安穏

□回向

□緑青

〔のだて〕　室内ではなく、野外で茶をたてること。

〔ゆうばえ〕　夕日に照らされて物が美しく見えること。

〔さゆ〕　お湯のこと。「はくとう」とも読む。

〔うぶゆ〕　生まれた赤ん坊を初めて入浴させること。「産湯を使う」など。

〔ひつじょう〕　そうなると決まっていること。

〔さんだい〕　皇居に参上すること。×「さんない」。

〔あんのん〕　ゆったりして穏やかなさま。「安穏な暮らし」など。「あんおん」ではない。

〔えこう〕　仏事を行い、死者の成仏を祈ること。「回向を弔う」など。

〔ろくしょう〕　銅の表面にでる青緑色の錆（さび）。

□接木
□端唄
□先達
□異名
□十指
□素読
□一家言
□口伝

〔つぎき〕　木の枝や芽を他の植物の幹につぎ合わせること。
〔はうた〕　三味線を伴奏にしてうたう通俗的な歌。
〔せんだつ〕先輩や指導者。「せんだち」とも読む。
〔いみょう〕　あだ名や別名のこと。
〔じっし〕　十本の指。「十指に余る」など。×「じゅっし」。
〔そどく〕　声を出して文章を読むこと。「漢文を素読する」など。
〔いっかげん〕その人がもつ独自の説。「一家言ある」など。×「いっかごん」。
〔くでん〕　奥義を口で教え、伝えること。なお、「口伝て」は「くちづて」と読む。

6 1秒で読めますか？　使えますか？③

□憤怒
□督促
□暫時
□払拭
□凡例
□爪先

〔ふんぬ〕　腹をたてること。「憤る」で「いきどおる」と読む。

〔とくそく〕　仕事や金銭の支払いなどを早くすませるよう促すこと。催促すること。

〔ざんじ〕　少しの間。「暫時休憩」など。「ぜんじ」ではない。

〔ふっしょく〕　汚れなどを拭い去る。「ふっしき」とも読むが一般的ではない。

〔はんれい〕　辞典などの冒頭に示される使用法などのこと。

〔つまさき〕　爪の先端。「爪先立つ」は爪先で伸び上がるように

□貼付
□底意
□戦慄
□思惑
□茶房
□相殺
□嗚咽
□無垢
□叱咤
□徘徊

立つ様子。
〔ちょうふ〕　貼り付けること。「てんぷ」も慣用読みとして定着。
〔そこい〕　心の底に潜む考え。「底意がある」など。「ていい」ではない。
〔せんりつ〕　恐怖で体がふるえること。「戦慄の光景」など。
〔おもわく〕　狙いがある思い、考え。「しわく」と読まないように。
〔さぼう〕　喫茶店のこと。
〔そうさい〕　プラスマイナスなしにすること。
〔おえつ〕　咽(むせ)び泣き。声を詰まらせて泣くこと。
〔むく〕　汚れがなく、うぶなこと。「純真無垢」「無垢な魂」など。
〔しった〕　大声で叱ること。「叱咤激励」など。
〔はいかい〕　うろうろと歩きまわること。

7 見たことはあっても、意外と読めない①

□凋落
□放縦
□姑息
□辟易
□口述
□汎用
□汽笛
□凝視

〔ちょうらく〕　おちぶれること。「しゅうらく」とは読まない。
〔ほうじゅう〕　勝手気ままな様子。「放縦な生活」など。
〔こそく〕　その場の間に合わせ。「姑息な手段」など。
〔へきえき〕　閉口すること。しり込みすること。
〔こうじゅつ〕　口で述べること。「こうじゅつひっき」など。
〔はんよう〕　一つのものをいろいろな用途に使うこと。
〔きてき〕　汽車の警笛。名曲『遠くで汽笛を聞きながら』など。
〔ぎょうし〕　見つめること。目をこらすこと。

□版図
□家路
□画一的
□驚愕
□黙然
□律儀
□投網
□素手
□稚気

〔はんと〕　領土のこと。「版」は戸籍、「図」は地図を表す。

〔いえじ〕　家に帰る道。「家路につく」など。

〔かくいつてき〕　型にはまって同じさま。

〔きょうがく〕　ひじょうに驚くこと。

〔もくねん〕　口をつぐんでいる様子。「黙然としている」など。「もくぜん」とも読むが、多くの辞書は「もくねん」を見出し語にしている。

〔りちぎ〕　義理固いこと。実直なこと。

〔とあみ〕　水に投げ入れ、魚をとる網。「投網漁」「投網を打つ」など。

〔すで〕　何も手に持っていないこと。「素手で立ち向かう」など。

〔ちき〕　子供っぽい様子や気分。

8 見たことはあっても、意外と読めない②

□若人
□漸次
□酩酊
□今昔
□果物
□立錐

〔**わこうど**〕　若い人。若者。なお仲人は「なこうど」、「狩人」は「かりうど」と読む。
〔**ぜんじ**〕　じょじょに。だんだんと。「ざんじ」と間違いやすい。
〔**めいてい**〕　酒を飲んで、深酔いすること。
〔**こんじゃく**〕　今と昔。「今昔の感」など。
〔**くだもの**〕　フルーツのこと。「木の物」が転訛して「くだもの」になったとみられる。
〔**りっすい**〕　錐を立てること。「立錐の余地もない」として、よく使う。

□辛酸
□排斥
□氾濫
□消耗
□極彩色
□権高
□本望
□腕白
□鞄
□湯治
□費目

〔しんさん〕　つらい思いや苦しみ。「辛酸をなめる」でたくさんの苦労をすることをいう。
〔はいせき〕　嫌って拒むこと。「はいせつ」ではない。
〔はんらん〕　洪水になること。ものがたくさん出回ること。
〔しょうもう〕　使いきってなくすこと。
〔ごくさいしき〕　派手な色彩。「ごくさいしょく」は誤読。
〔けんだか〕　相手を見下した傲慢な様子。「権高な性格」など。
〔ほんもう〕　長く抱いてきた望み。
〔わんぱく〕　悪さをする子供の様子。「腕白小僧」など。
〔かばん〕　物を入れるカバン。なお「鞄」は日本生まれの国字。
〔とうじ〕　病気を治すため、温泉に入ること。
〔ひもく〕　使途によって分けた費用の名目。「費目別に記入」な

□瀑布
□謹呈
□魂胆

□権化
□机上
□是非
□悔恨
□国是

ど。

〔ばくふ〕　滝。「瀑」は高所から流れる水。
〔きんてい〕　つつしんで贈呈すること。
〔こんたん〕　工夫したり、段取りをつけたりすること。悪だくみや策略という意味も。
〔ごんげ〕　もとは、神仏が仮の姿で現れること。
〔きじょう〕　机の上のこと。「机上の空論」な。
〔ぜひ〕　よいことと悪いこと。「是非におよばず」など
〔かいこん〕　悔しく残念に思う。
〔こくぜ〕　国民の多くから支持を得ている、その国の政治上の方針のこと。

9 ニュースによく出るあの漢字の読み方は？

□防疫
□渦中
□便宜
□匿名
□仇敵
□領袖
□癒着

〔ぼうえき〕　感染症の発生を予防すること。
〔かちゅう〕　事件などの真っ最中。「渦中の人物」など。
〔べんぎ〕　都合のよいこと。特別のはからい。「便宜をはかる」など。
〔とくめい〕　実名を隠すこと。「匿名希望」など。
〔きゅうてき〕　憎く思う仇・敵。
〔りょうしゅう〕　組織の長に立つ人。「派閥の領袖」など。
〔ゆちゃく〕　くっつく。いい意味には使わず、「政財界の癒着」な

□喝采
□定石
□歩合
□破綻
□歪曲
□訃報
□首魁
□寵児

ど。

〔かっさい〕　ほめそやすこと。「喝采を上げる」など。
〔じょうせき〕　囲碁で最善とされる決まった打ち方。将棋の場合は「定跡」と書く。
〔ぶあい〕　出来高や売上に応じた比率。「歩合給」など。
〔はたん〕　物事が破れ、綻ぶこと。「金融機関の破綻」など。
〔わいきょく〕　意図的に内容を歪めること。「事実を歪曲する」など。
〔ふほう〕　人が亡くなった知らせ。「とほう」ではない。
〔しゅかい〕　悪事などを首謀する張本人。「先駆者」といういい意味もある。
〔ちょうじ〕　本来は、愛される子供という意。「時代の寵児」など。

□教唆
□暫定
□哨戒
□装塡
□統帥
□蜂起
□険阻

〔きょうさ〕 そそのかすこと。「犯罪教唆」など。

〔ざんてい〕 正式決定まで、とりあえず定めること。「暫定措置」など。

〔しょうかい〕 敵に備え、見張りをすること。「対潜哨戒機」など。「哨り」で「みはり」と読む。

〔そうてん〕 鉄砲や大砲に弾丸に詰めること。「塡める」で「うずめる」、「塡ぐ」で「ふさぐ」と読む。

〔とうすい〕 軍隊を自分の支配下に置き、率いること。「帥いる」で「ひきいる」と読む。

〔ほうき〕 大勢の人々が一斉に行動すること。「民衆が一斉蜂起する」など。

〔けんそ〕 険しいさま。「険阻な地形」「険阻な態度」など。「険しい」も「阻しい」も「けわしい」と読む。

□殺戮

□謀議

□熾烈

□巣窟

□足蹴

□獰猛

□毀損

〔さつりく〕　残忍な方法で大勢を殺すこと。「大量殺戮」など。「戮す」で「ころす」と読む。

〔ぼうぎ〕　陰謀などを計画し、相談すること。「謀る」で「はかる」と読む。

〔しれつ〕　激しいさま。「熾ん」で「さかん」と読む。「熾烈な戦い」など。

〔そうくつ〕　悪事を企む者などが集まり、住むところ。「悪の巣窟」など。×「すくつ」。

〔あしげ〕　足で蹴りつけること。「足蹴にする」など。

〔どうもう〕　性質が荒っぽく、暴力的なこと。「獰猛な動物」など。

〔きそん〕　信用や名誉などを損なうこと。「信用を毀損する」など。

10 語彙力をワンランク上げるための言葉①

□**羨望**

□**秘匿**

□**足枷**

□**辣腕**

□**滑稽**

〔**せんぼう**〕 うらやましく思うこと。「羨む」で「うらやむ」と読む。「羨望のまなざし」など。

〔**ひとく**〕 秘かに隠すこと。「匿す」で「かくす」と読む。

〔**あしかせ**〕 罪人の足にはめ、行動の自由を奪う刑具。そこから、自由な行動を妨げるもの。

〔**らつわん**〕 物事を迅速、的確に処理する能力。「辣腕をふるう」など。

〔**こっけい**〕 面白いこと。おどけたこと。「滑稽劇」「滑稽なしぐさ」など。

□斬新
□恰幅
□奔流
□翻弄
□図体
□得体
□昏倒
□矛先

〔ざんしん〕　方法や発想、趣向などが新しい様子。「斬」った木の切り口が「新」しいことから。
〔かっぷく〕　体の恰好。風采。「恰幅がいい」など。
〔ほんりゅう〕　激しい勢いの流れ。「奔る」で「はしる」と読む。
〔ほんろう〕　もてあそぶこと。手玉に取ること。「時代の波に翻弄される」など。
〔ずうたい〕　体つき。「彼は、大きな図体のわりに、気が小さい」など。
〔えたい〕　物事の正体。本当の姿。「得体が知れない」という形で使う。
〔こんとう〕　目がくらみ、倒れること。「昏い」で「くらい」と読む。
〔ほこさき〕　武器の矛の先。そこから、「攻撃する方向」という意

□途絶

□寡占

□糾明

□改易

□突飛

□傍流

味に。

〔とぜつ〕　継続中の物事が中断すること。「途絶える」なら「とだえる」と読む。

〔かせん〕　少数の企業が市場の大半を占めている状態。「寡い」で「すくない」と読む。

〔きゅうめい〕　不正などを糺し、真相を明らかにすること。「真相糾明」など。

〔かいえき〕　大名や武士の所領・家禄を没収すること。「浅野家が改易される」など。

〔とっぴ〕　風変わりなさま。思いもかけないさま。「突飛なアイデア」「突飛な行動」など。

〔ぼうりゅう〕　本流から分かれた系統。「傍流の出」「傍流でありながら」など。

11 語彙力をワンランク上げるための言葉②

□逐電

□弁済

□拇印

□帰趨

□迂闊

〔ちくでん〕　素早く逃げること、行動すること。この「電」は「雷」のことで、「雷を逐う」ほどの素早さから。

〔べんさい〕　借りた借金を返すこと。「債務を弁済する」など。

〔ぼいん〕　親指の先に朱肉をつけて、印章代わりに押すこと。「拇」一字では「おやゆび」と読む。

〔きすう〕　物事が落ち着くところ。「趨」は「おもむく」という意味。「勝負の帰趨」など。

〔うかつ〕　うっかり、注意が足りないさま。「迂闊にも」という形でよく使い、「迂闊にも好機を逸する」など。

□蔓延
□豊饒
□鼎立
□断崖
□島嶼
□漆喰
□詔勅

〔まんえん〕　悪習や病気などが広まること。「蔓」一字では「つる」と読み、つる草のこと。「ノロウイルスが蔓延する」など。

〔ほうじょう〕　土地が豊かで、作物がよく実ること。「饒か」は「ゆたか」と読む。三島由紀夫の最後の作品は『豊饒の海』。

〔ていりつ〕　三者が互いに対立・拮抗していること。「鼎」という器の三本の脚にちなむので、二者や四者に使うのはＮＧ。

〔だんがい〕　切り立った崖。「断崖絶壁」など。

〔とうしょ〕　島々のこと。「嶼」は小さな島のこと。緊張高まる「東シナ海の島嶼」など。

〔しっくい〕　壁や天井などに塗りつける建築材料。「漆喰壁」など。

〔しょうちょく〕　帝、天子の発する文書。「詔」「勅」も一字なら、ともに「みことのり」と読み、天子からの命令を表す漢字。

□**禅譲**
□**湯湯婆**
□**簒奪**
□**陪臣**
□**提督**
□**黄粉**
□**落雁**

〔ぜんじょう〕　話し合いによって権力を譲ること。「首相の座を禅譲する」など。
〔ゆたんぽ〕　容器にお湯を入れ、その熱で、寝床や足を温めるもの。俳句では冬の季語。
〔さんだつ〕　帝位を奪いとること。「簒う」も「奪う」も、ともに「うばう」と読む。
〔ばいしん〕　臣下のそのまた臣下のこと。この「陪」には、重なるという意味がある。
〔ていとく〕　艦隊の総司令官。「ネルソン提督」など。もとは、中国の武官の最高位。
〔きなこ〕　大豆を煎ってひいた粉。
〔らくがん〕　型押しして作る干菓子。もとは、空から舞いおりる鳥の雁のこと。

12 語彙力をワンランク上げるための言葉③

□直訴

〔じきそ〕　上の者に直接訴えること。「天皇に直訴する」など。

□押捺

〔おうなつ〕　印鑑を押すこと。「契約書に押捺する」など。「捺す」で「おす」と読む。

□鶴首

〔かくしゅ〕　待ちわびる。鶴のように首を長くして待つという意。

□投函

〔とうかん〕　箱に投げ入れること。「ポストに投函する」など。「函」は地名の函館の「函」、「箱」と同じ意味がある。

□重用

〔ちょうよう〕　特定の者を重んじて使うこと。「側近を重用する」など。×「じゅうよう」。

□懺悔
□頓着
□友誼
□時宜
□披瀝
□薫陶
□些少

〔ざんげ〕　神に罪を告白して、悔い改めること。「懺いる」も「悔いる」も「くいる」と読む。
〔とんちゃく〕　気にかけてこだわること。「頓着しない」「無頓着」という否定形でよく使う。
〔ゆうぎ〕　友達としてのよしみ。「誼」一字なら「よしみ」と読む。「格別のご友誼」など。
〔じぎ〕　ちょうどいい時期。いい頃合い。「時宜を得る」など。
〔ひれき〕　考えを打ち明ける。「披く」は「ひらく」、「瀝る」は「したたる」と読む。「考えを披瀝する」など。
〔くんとう〕　徳を以て、人を教育すること。「薫陶を得る」「薫陶を賜る」など、教育された側から使うことが多い。
〔さしょう〕　わずかなこと。寄付するときに「些少ではありますが」などと前置きする。

□丁重

□諮問

□精悍

□謳歌

□健啖

□峻厳

□闊歩

〔ていちょう〕 丁寧で、手厚いこと。「丁重なお言葉」「丁重な御礼」など。

〔しもん〕 有識者などに意見を求めること。なお、「諮る」は「はかる」と読み、「会議に諮る」などと使う。

〔せいかん〕 態度や表情が勇ましいさま。「精悍な表情」など。「悍」は勇ましいの意。

〔おうか〕 歌うこと。喜びなどを表すこと。「わが世を謳歌する」など。

〔けんたん〕 ひじょうによく食べること。「健啖家」は、食欲旺盛でよく食べる人のこと。

〔しゅんげん〕 厳しく、けわしいさま。「峻しい」で「けわしい」と読む。「峻厳な態度」など。

〔かっぽ〕 大股で堂々と歩くこと。「世間を闊歩する」など。「闊い」で「ひろい」と読む。

13 語彙力をワンランク上げるための言葉④

□籠手

□彗星

□澱粉

□石膏

□螺旋

〔こて〕　剣道で、指先から肘までを守る防具。ここを正確に打つと「一本！」となる。「小手」とも書く。

〔すいせい〕　ほうき星。「彗」には「ほうき」という意味がある。

〔でんぷん〕　三大栄養素のひとつ。「澱」一字では「おり」と読む。

〔せっこう〕　彫刻などに使われる白色の鉱物。「膏」一字では「あぶら」と読み、脂肪のこと。

〔らせん〕　「螺」はニナ貝のことで、螺旋状の貝殻を持つ。その殻のような渦巻形のこと。

□闊達

□沐浴

□渉猟

□隠遁

□投錨

□浪漫

□濾過

□泰斗

〔かったつ〕　小さなことにこだわらない心のありよう。「自由闊達な社風」など。

〔もくよく〕　水で体や髪を洗い清めること。「沐」は水や湯をかぶるという意。「沐う」で「あらう」と読む。

〔しょうりょう〕　歩き回り、探すこと。「史料を渉猟する」など。

〔いんとん〕　世間を離れ、隠れ住むこと。「隠遁生活」など。「遁」は「遁走」の「遁」。

〔とうびょう〕　船が錨をおろし、港などに碇泊すること。「投錨地」など。

〔ろまん〕　冒険的な出来事に憧れを持つこと。「男の浪漫」など。

〔ろか〕　液体などを濾して、純度を上げること。「濾す」は「こす」と読む。

〔たいと〕　もっとも権威のある人。「ｉＰＳ細胞研究の泰斗」な

□体軀

□目処

□騰貴

□諭旨

□付託

□論旨

□転訛

ど。「泰山北斗」の略。

〔たいく〕　体。体格。「軀」一字でも「からだ」と読む。

〔めど〕　おおよその見当。物事の見通し。「先行きに目処が立つ」など。

〔とうき〕　ものの値段が高くなること。「石油の値段が騰貴している」など。

〔ゆし〕　説いて聞かせること。「諭す」で「さとす」と読む。

〔ふたく〕　他にまかせること。国会用語でよく使われ、「委員会審議に付託する」など。

〔ろんし〕　論理の筋道。「明快な論旨」「論旨があいまい」など。

〔てんか〕　言葉本来の意味や発音がなまって変化すること。「訛る」でなまると読む。

14 語彙力をワンランク上げるための言葉⑤

□漸減
〔ぜんげん〕 だんだん減っていくこと。「経常収支の黒字が漸減する」など。「漸く」は「ようやく」と読む。

□借款
〔しゃっかん〕 金銭の貸し借り。とりわけ政府同士の資金の貸し借り。「円借款」など。

□爛熟
〔らんじゅく〕 崩れそうなほど、熟した状態。「爛れる」で「ただれる」と読む。

□鳳凰
〔ほうおう〕 中国で尊ばれてきた想像上の鳥。なお「鳳」「凰」、ともに一字では「おおとり」と読む。

□麒麟
〔きりん〕 中国の想像上の動物。キリンビールのラベル描かれ

□嚆矢

□研鑽

□竣工

□放念

□敢然

□雑駁

ている動物。動物園にいるキリンも、漢字ではこう書く。

〔こうし〕　物事のはじめ。本来は、合戦の初めに用いた鏑矢（かぶらや）のこと。「○○を以て嚆矢とする」という形でよく使う。

〔けんさん〕　深く研究すること。「研鑽を積む」「研鑽を重ねる」など。

〔しゅんこう〕　工事が完成すること。「大工事が竣工する」など。「竣」には「おわる」という意味がある。

〔ほうねん〕　気にかけないこと。「その件はご放念ください」など。

〔かんぜん〕　思い切って行動する様子。「敢然と立ち向かっていった」など。

〔ざっぱく〕　まとまりがなく、雑然としている様子。「雑駁な知識しかない」など。

□更地

□驀進

□剪断

□固陋

□俗諺

□夾雑

□怜悧

□狭窄

〔さらち〕　建物が立っていない土地。この「更」は「新しい」という意味。

〔ばくしん〕　まっしぐらに進むこと。

〔せんだん〕　はさみ切ること。「剪る」で「きる」と読む。

〔ころう〕　古臭いものに執着すること。「陋」は、見識が狭いこと。「頑迷固陋」など。

〔ぞくげん〕　俗世間のことわざ。「諺」一字では「ことわざ」と読む。

〔きょうざつ〕　余分なものが混じること。「夾む」は「はさむ」と読む。

〔れいり〕　頭がよく、すぐれていること。「怜悧な判断」など。「怜い」で「さとい」と読む。

〔きょうさく〕　狭くすぼまっていること。「狭い」も「窄い」も「せまい」と読み、「窄まる」では「すぼまる」と読む。

第7章　言葉を知っている人の「ことわざ」「故事成語」

1 知らないでは済まされない「ことわざ」「故事成語」

□**覆水盆に返らず**……いったん別れた夫婦は、二度と元通りにならないこと。中国の周の時代、太公望が別れた妻から復縁を求められたとき、盆からこぼれた水はもう盆に戻らないと言ったところから。そこから現在では、一度してしまったことは、もう取り返しがつかないという意味で使われる。

□**二階から目薬**……目薬は自分でも点眼しにくいものだが、二階にいる人に点眼してもらったら、ますますうまくいかない。そこから思いどおりにならず、もどかしいこと。または、あまりに遠回しなこと。

□**濡れ手で粟**……苦労せず、やすやすと金儲けしたり、成果を手に入れること。乾いた手で粟粒をつかんだとしても、そうつかめるものではないが、濡れ手でつかむと、大量の粟粒がついてくることから生まれた言葉。

□**糠に釘**……柔らかい糠に釘を打っても、釘は立たず、手応えもない。そこから何の効き目も手応えもないことのたとえ。「彼女には何を言っても糠に釘だ」などと用いる。

□**暖簾に腕押し**……暖簾は、商店の軒先に屋号や商店名を書いて、かけてある布。その暖簾を腕で押しても、何の手応えもない。そこから張り合いのないことのたとえ。「こちらは彼をライバルだと思っているのだが、彼はマイペースで、暖簾に腕押しだ」などと用いる。

□**情けは人のためならず**……人に親切にしておけば、巡り巡って、やがては自分にもよい報いとなって返ってくること。「人に親切にすると、甘やかすことになるので、その人のためにならない」という解釈は間違い。

□**敵に塩を送る**……苦境にあるライバルを助けること。戦国時代、武田信玄のいる甲斐は山国であるため、塩不足に悩んでいた。すると、武田信玄の宿敵である越後の上杉謙信が、この苦境に越後の塩を送ったと伝えられる逸話から。

□**雨降って地固まる**（あめふってじかたまる）……雨が降った直後は地面がぬかるみ、歩きにくくなるが、時間がたつと、地面は以前よりさらに固くなる。そこから、いざこざやもめ事が起きた後、最終的には前よりよい状態になることを指す。

□**袖振り合うも多生の縁**（そでふりあうもたしょうのえん）……「多生」は、何度も生まれ変わること。「他生」とも書き、この場合は前世または来世。見知らぬ人と袖が触れ合ったりするのも、単なる偶然ではなく、前世からの因縁によるという仏教の考え方に基づく言葉。「多少の縁」はよくある書き間違い。

□**勝てば官軍**（かてばかんぐん）……「官軍」は、朝廷や政府の軍隊。この世の中、戦いに勝った者が、正義とされるものという意味。「負ければ賊軍」と続けることもある。幕末、薩摩・長州軍と江戸幕府軍との間で行われた鳥羽伏見の戦いで、緒戦に勝利した薩長軍に対し、錦の御旗が与えられ、官軍となったことから生まれた言葉。

□**漁夫の利**（ぎょふのり）……双方が争っているすきに、無関係な第三者が利益をもっていってしまうこと。口を開けているハマグリを食べようとカワセミが近づくと、ハマグリは口を閉ざしてしまった。両者譲らず争っているところに、漁夫がやって来て両方をとってしまったという逸話から。

□**元の木阿弥**（もとのもくあみ）……戦国時代、筒井城主・筒井順昭が死去し、幼い順慶が後を継いだが、遺言で順昭の死去を隠し、彼と声が似ていた木阿弥を寝所に置いた。やがて順慶が大きくなると、木阿弥は市井の人に戻ったという話から。いったんよくなったものが元の状態に戻ること。

□**渡りに船**（わたりにふね）……川や湖、海を渡ろうとしているとき、船がやってきたら、こんなありがたいことはない。そこから、困っているとき、思いがけなく都合のよい便宜を得られること。「商品を輸出しようと思ったとき、バイヤーが現れたのは、まさに渡りに船だった」などと用いる。

□**雨後の筍**……春、雨が降って地中が潤うと、筍が一気に地上に表れ、生長していくように、似たような物事が相次いで起こること。「景気のいいころは、雨後の筍のように、リゾート地にホテルが建った」などと用いる。

□**帯に短し襷に長し**……物事が中途半端で、役に立たないこと。着物の帯にするには、長さが三メートルぐらい必要。襷にするには、一・五メートルぐらいがちょうどいい。その中間ぐらいの長さだと、どちらに使うにも不便なことから。

□**棚から牡丹餅**……思いもかけなかった幸運に巡り会うこと。この棚は神棚のこと。牡丹餅は、かつてはよほどめでたい日でないと、口にできないごちそうだった。神棚にお供えしてあった牡丹餅が、何かの拍子に落ちて、食べることができれば、こんなうまい話はないということから。

□**鶴の一声**……鶴はめったに鳴かない鳥だが、ひとたび鳴くと数百メートル先にまで、その声が響くという。そこから実力者や権威者が、衆人を圧する決定的な一言を言うこと。「会長の鶴の一声で、撤退が決まった」などと用いる。

□**灯台下暗し**（とうだいもとくらし）……ここでいう「灯台」は、船舶運行用のものでなく、机の上に置く燭台。燭台は少し離れた周囲を明るくするものの、その直下は暗い。そこから身近な事情は、かえってわかりにくいこと。「わが社にあんな天才がいたなんて、灯台下暗しだ」などと用いる。

□**百聞は一見に如かず**（ひゃくぶんはいっけんにしかず）……何度も耳で聞いたり、本で読んだりするより、一度実際に見たほうが、正確に物事をつかめるということ。中国の漢の時代、趙充国将軍が宣帝に作戦を尋ねられたところ、軍のことは、現場に赴かないとわからないと答えたところから。

□**瓢箪から駒が出る**（ひょうたんからこまがでる）……この駒は馬のこと。瓢箪の中から馬が出てくるくらい、意外な物から思いもかけない物が出てくることのたとえ。あるいは、あるはずのない出来事のたとえ。

□**五十歩百歩**（ごじっぽひゃっぽ）……少しの違いはあるものの、しょせんは同じこと。似たり寄ったり。戦場で、五十歩退却した兵が百歩逃げ去った兵を臆病者と笑ったが、逃げた点は同じであり、ともに臆病であるところから。出典は『孟子』。「ごじゅっぽ」ではなく「ごじっぽ」と読むのが正しい。

□**虻蜂とらず**……クモが巣にかかった虻と蜂を同時に捕らえようとして失敗した話から、あれもこれもと欲張ったすえに、何物も得られないさまを指す。「AさんもBさんも好きだなんて、虻蜂とらずになりかねないぞ」などと用いる。「二兎を追う物は一兎も得ず」と同じ意味。

□**餅は餅屋**……餅をつこうと思ったら餅屋につかせるのが一番うまくいくように、物事にはそれぞれの専門家がいるということ。「経理の仕事となると、やはり餅は餅屋で、税理士事務所の人にはかなわない」などと用いる。

□**喉元過ぎれば熱さを忘れる**……間違って熱い食べ物や飲み物を口にしたときには、火傷しそうな苦痛を感じるが、熱さは喉元を過ぎれば感じなくなる。そこから、どんな苦しい経験でも、過ぎてしまえば忘れてしまうこと。

2 歴史を感じさせる「ことわざ」「故事成語」

□**光陰矢の如し**……「光」は日、「陰」は月で、「光陰」は歳月のこと。歳月が矢のように、早く過ぎて去っていくさまを指す。「光陰矢の如しで、洟垂れ小僧が、いつのまにか立派な大人になった」などと用いる。

□**李下に冠を正さず**……「李」はスモモ。スモモの木の下で手を上げて冠を直すと、他人からスモモの実を盗んでるように疑われかねない。そこから、他人に疑われるような行為はするべきではないということ。瓜畑で靴を直すことを戒めた「瓜田に履を納れず」も同じ意味。

□**仏作って魂入れず**……物事をほとんど仕上げながら、もっとも大切な部分が抜け落ちていること。立派な仏像を作っても、そこに魂が込められてなければ、ただの木像、石像にすぎないところから。「いい脚本なのに、監督があの人では、仏作って魂入れずの作品になるだろう」などと用いる。

□**小田原評定**……長引くだけで、なかなか結論の出ない会議のこと。豊臣秀吉が北条氏の小田原城を攻めたとき、北条氏とその家臣団は和戦の議論を長々とするばかりで、百日経っても結論が出なかったことから。「いつまで小田原評定を続けるつもりだ」などと用いる。

□**窮鼠猫を噛む**……追い詰められて逃げ場のないネズミは、ネコを相手にでも噛みつく。そこから絶体絶命の危機に追い詰められた弱者が、必死になって強者に挑み、倒してしまうこともあるという意味。「敵をあまりに追い詰めると、窮鼠猫を噛むように逆襲を受けかねない」などと用いる。

□**驕る平家は久しからず**……地位や経済力を鼻にかけて人を見下したように振る舞う者は、その身を長く保つことができず、やがて没落するということ。『平家物語』の一文、「驕れる人も久しからず」に由来。「あのワンマン社長が脱税で逮捕されるとは、まさしく驕る平家は久しからずだ」などと用いる。

□**刎頸の交わり**……「刎頸」とは首を跳ねることで、その人のためなら、首をはねられても後悔しないほどの友情で結ばれた仲のこと。あるいは生死をともにするほどの親しい交際。「刎頸の交わりをするほどの友人を持つ者は幸せだ」などと用いる。

□**青は藍より出でて藍より青し**……青色の染料は、植物の藍の葉よりつくるが、藍の葉はさほど青い色をしていない。そんな藍から、布を真っ青にする染料ができることから、弟子が師匠をしのぐほど優秀になることを指す。「出藍の誉れ」も同じ意味。

□**泣く子と地頭には勝てぬ**……地頭は、鎌倉時代から室町時代にかけての地方の役人。聞き分けもなく泣く子と権力を持っている地頭には、道理を言い立てても通じない。そこから道理の通じない相手には、従うしかないということ。

□**知らぬ顔の半兵衛**……知っているのに、知らない顔をしてとりあわないこと。戦国時代、美濃の天才軍師・竹中半兵衛を前田利家が織田方に誘ったとき、半兵衛はなにくわぬ顔で利家から織田方の情勢を聞き出し、美濃を勝利に導いたという故事から。なお、半兵衛は後に秀吉の説得で織田方に。

□**三人寄れば文殊の知恵**……文殊とは、仏教で仏の知恵を象徴する文殊菩薩のこと。愚かな人間であっても、三人集まって話し合えば、文殊菩薩のような素晴らしい知恵を生み出せるという意味。ただし、逆の意味の「三人寄っても下司は下司」という言葉もある。

□**白羽の矢を立てる**……数多くの人の中から、これぞという人を選び出すこと。または、犠牲者に選ばれること。人身御供を求める山の神や水の神が、見込んだ娘のいる家の軒や屋根に、白羽の矢を立てたという言い伝えから。「白羽の矢が当たる」は間違い。

3 味わいのある「ことわざ」「故事成語」

□**禍福は糾える縄のごとし**……「禍福」は幸せと災い。「あざなえる縄」は縒り合わせた縄のこと。人の幸福と不幸は隣り合わせであり、縒り合わせた縄のように、つねに入れ替わりにやって来るということ。

□**角を矯めて牛を殺す**……わずかばかりの欠点を直そうとしたすえに、物事全体を損なってしまうこと。牛の角を無理に曲げようとし、肝心の牛を殺してしまうことから。「部下のミスを口うるさくとがめると、角を矯めて牛を殺すように、部下の素質を台無しにする」などと用いる。

□**柳に雪折れなし**……柔軟なものは、剛直なものよりも物事によく耐えること。大雪が積もったとき、普通の木の枝は、雪の重さによって折れてしまうことがある。一方柳は、見た目は細いが、しなって雪を積もらせないため、どんな大雪になっても折れないところから。

□**得手に帆を揚げる**……「得手」は、得意とするところ。船の帆を揚げると、帆が風をはらんで船が早く進むように、得意なことがさらに調子よくなるという意味。

□**羹に懲りて膾を吹く**……羹は熱い汁。膾は野菜の酢の物、または細かく切った生肉。熱い汁を飲むとき、舌を火傷して懲りた者が、次に冷たい膾を口にするとき、用心して息を吹きかけ、冷まそうとするさま。前の失敗に懲りて、しなくてもいい無益な用心をする愚かさを指す。

□**君子は豹変す**……「豹変」は、豹の毛が抜けると、鮮やかな斑紋が浮かび上がるところから、「自分の言動を一変させる」の意。「君子は豹変す」は本来はいい意味で使われ、人格の立派な人はすぐに過ちを改めるという意。ただ現在では、「豹変する」は悪い方向に変わるという意でも用いられている。

□**鶏口(けいこう)となるも牛後(ぎゅうご)となるなかれ**……「鶏口」は鶏のくちばしで、小さな集団のトップのたとえ。「牛後」は牛の尻で、大きな集団の末尾のたとえ。大きな集団の後方にいるよりも、小さな集団を率いる者であれという意味。「鶏口牛後」とも言う。「寄らば大樹の陰」の逆。

□**蛇(じゃ)の道(みち)は蛇(へび)**……同類のやることは、どんなに微力な者であっても、他の者よりもよく知っていることのたとえ。蛇(じゃ)は大きな蛇、蛇(へび)は普通のサイズの蛇。蛇(じゃ)の通り道は人間にはわからないが、同類である蛇(へび)なら知っているだろうと思われることから。

□**寸鉄(すんてつ)人(ひと)を刺(さ)す**……短くとも鋭い言葉で、人の急所をつくこと。寸鉄とは、本来は小さな刃物のこと。中国の禅僧・大慧禅師が「寸鉄あるのみにして、すなわち人を殺すべし」と説いたところから。「殺す」が「刺す」に変わり、やがて「寸鉄」に警句や警語という意味が生まれた。

□**船頭多くして船山にのぼる**……一つの船に船頭が一人なら、船は船頭の思う方向に進んでいくが、一つの船に船頭が何人もいると、船頭各人が思い思いに櫓を動かすため、船はあらぬ方向へと進んでしまう。そこから指図する人が多いばかりに統一がとれず、とんでもない事態になることのたとえ。

□**他山の石**……「他山の石を以て玉を攻むべし（よその山からとれた石でも、自分の宝石を磨くのに役立つ）」に由来。他人の間違った発言や行動であっても、自分自身の教養や品格を高めるのに役立つの意。「彼の失敗を他山の石として、研鑽に励んでほしい」などと用いる。人の成功に学ぶという意味で使うと誤用になる。

□**蟷螂の斧**……蟷螂はカマキリの漢名。カマキリが前足のカマを振るって大きな車に立ち向かうという『荘子』にある話に由来し、同じように弱小の者が自分の力量を顧みず、強大な者に抵抗することのたとえ。「彼がどんなに頑張っても、プロ相手には蟷螂の斧だ」などと用いる。

4 先人の知恵が詰まった「ことわざ」「故事成語」

□**沈む瀬あれば浮かぶ瀬あり**……「瀬」は川の流れの速いところ。このことわざでは機会、場合の意で使われ、人生、不調なときもあれば、好調なときもあり、悪いことばかりは続かないという意味になる。「沈む瀬あれば浮かぶ瀬ありというじゃないか。クヨクヨするな」などと使う。

□**贔屓の引き倒し**……ひいきしすぎたため、かえってその人を不利にしたり、迷惑をかけること。よくしようと思ってやったことが、逆の悪い結果をもたらすこと。「秀才だからとちやほやしすぎると、贔屓の引き倒しで、成長が止まってしまう」などと用いる。

□**暮れぬ先の提灯**……あまり先のことまで用心しすぎて、かえって間が抜けていること。日が暮れてもいないのに、提灯に火を灯して持ち歩くようであることから。類義語に「小舟の宵拵え（小さな舟を出すのに、前の晩から準備する）」「塩辛を食おうとして水を飲む」などがある。

□**人を呪わば穴二つ**……他人を呪って殺そうとすれば、自分にも報いがきて命を失うので、墓穴が二つ必要になる。人を陥れようとすれば、自分にも悪いことが起きるというたとえ。「君の怒る気持ちはわかるが、人を呪わば穴二つと言うよ」などと用いる。

□**闇夜に鉄砲**……闇夜に鉄砲を撃っても当たらないところから、当てずっぽうに行なうこと、やっても効果がないことをいう。「闇夜に礫」ともいう。「成算もなく、飛び込み営業に頼るとは、闇夜に鉄砲だな」と用いる。

□**上手の手から水が漏る**……「上手」は名人、達人。その道の達人と呼ばれる人でも、ときには失敗するということ。相手の失敗を弁護したり、冷やかすときにも用いる。「河童の川流れ」「猿も木から落ちる」などと同じ意味だが、相手が目上の場合、この言葉は、動物にたとえないため、「弘法も筆の誤り」と並んで使いやすい。

□**百年河清（ひゃくねんかせい）を俟（ま）つ**……常に濁っている中国の黄河の濁流は、澄むことがない。そんな黄河の水が澄むのを待つように、いつまでも待っても実現する見込みのないことのたとえ。「お役所仕事の改善を望むのは、百年河清を俟つようなものだ」などと用いる。

□**毛（け）を吹（ふ）いて疵（きず）を求（もと）める**……毛に覆われて、外からは見えない小さな傷を、わざわざ毛を吹いて探し出すことで、ちょっと見には気づかない欠点をわざわざ探して、あげつらうことのたとえ。今は、人の欠点や失敗を暴こうとして、逆に自分の欠点や失敗を露呈するという意味でも用いられている。

5 戒めが込められた「ことわざ」「故事成語」

□**山高きが故に貴からず**……鎌倉時代に成立した児童用の教訓書『実語教』にある「山高きが故に貴からず、樹ある以て貴しと為す」から。外観が立派でも、内容が伴わなければ、優れているとは言えないこと。物事を見かけだけで判断してはいけないということ。

□**門前の小僧習わぬ経を読む**……寺の門前に住む子どもが、僧侶のお経を毎日聞くうちに、習ったこともないお経を読むことができるようになるという意味。そこから、ふだん見聞きしていると、いつのまにかそれを学び知ってしまうこと。環境が人に与える影響の大きいことのたとえ。

□**牛に引かれて善光寺参り**……偶然、思いもよらぬいい目にあうこと。「善光寺」

は長野市にあって、古くから多くの参拝客を集めてきた寺院。あるとき、老婆が逃げた牛を追いかけたところ、善光寺の境内に入った。そのとき、善光寺の存在を初めて知り、以後たびたび参拝するようになったという逸話から。

□**艱難汝を玉にす**……「艱難」は大変な苦しみ、苦労。「玉」は立派なもの、宝石。合わせて、苦労することで、優れた人物に成長するという意味。「浪人したぐらいでクヨクヨするな。『艱難汝を玉にす』と言うだろ」などと用いる。

□**身を捨ててこそ浮かぶ瀬もあれ**……この「瀬」は、川の浅瀬のこと。窮地のときは、川に飛び込むような覚悟で当たってこそ、浅瀬に浮かび上がれることもあるように、窮地を脱出することができるということ。「この窮状をしのぐには、身を捨ててこそ浮かぶ瀬もあれで、いちかばちかやってみるしかない」などと用いる。

□**待てば海路の日和あり**……待っていれば、海の静かないい日和がやってくるということ。焦らずにじっくりと待っていれば、やがてよい機会がめぐってくることのたとえ。「待てば甘露の日和あり」も同じ意味。「待てば海路の日和ありというように、今急いで株式を売り払わなくてもいい」などと用いる。

□**棒ほど願って針ほど叶う**……棒のように大きな願いをもっていても、実際には針くらいの小ささしかかなわないという意味。人の望みや願いがなかなか達せられないことのたとえとして用いる。

□**人間到るところに青山あり**……「人間」は人の住む世界。「にんげん」とも読む。世間。「青山」は墓地。世の中、どこへ行っても、骨を埋められる場所はあるのだから、いつ死んでもいいぐらいの覚悟で、故郷を離れ、広い世界で活躍せよという意味。「青山」を希望に満ちた場所などと誤解し、結婚式のスピーチなどで使わないように注意。

□**生兵法は大怪我のもと**……中途半端な技術や知識は、かえって失敗を招く原因になるということ。「下手な知識を振りかざさないほうがいい。生兵法は大怪我のもとだよ」などと用いる。似た意味の言葉に「生兵法は知らぬに劣る」

「生悟り堀に落ちる」などがある。

□**魚（さかな）は殿様（とのさま）に焼（や）かせよ**……魚を焼くときは、焼き具合を見ようと何度も引っ繰り返すと、身が崩れて、うまく焼けない。殿様のように悠然として、あまりいじらないほうが、おいしくきれいに焼けるという意味。

□**日（ひ）暮（く）れて道遠（みちとお）し**……年老いても、目的を達するには、ほど遠いことのたとえ。期限は迫っているのに、物事が容易にはできあがらないたとえでもある。「若いころは学問を究めるつもりだったが、今は日暮れて道遠しという心境だ」などと用いる。

□**嚢中（のうちゅう）の錐（きり）**……優れた人物は、多くの人の中にあっても、自然に才能を表し、目立つことのたとえ。「嚢中」は袋の中のこと。袋の中に錐を入れておくと、錐の先が自然と袋の外に突き出ることから。「嚢中の錐のように、真の個性、才能は姿を現わすはずだ」などと用いる。

6 教養人のための「ことわざ」「故事成語」①

□**灯火親しむべし**（とうかしたしむべし）……秋の夜は、涼しくて長く、灯火の下で書物を読むのに適している。そこから、大いに読書するとよいという意味。出典は中唐の文人・韓愈の詩。「読書の秋」という言葉も、ここから生まれた。

□**髀肉の嘆**（ひにくのたん）……「髀肉」は、腿（もも）の肉。中国の三国時代、後に蜀（しょく）の皇帝となる劉備が、馬に乗って戦場に出る機会がないため、内腿の肉が肥え太ってしまったことを嘆いたところから。功名を立てたり、手腕を発揮したりする場のない状況を嘆くたとえ。

□**天高く馬肥ゆ**（てんたかくうまこゆ）……「天高く」は空気が澄み、空が高く見える秋の形容。そこから、秋になると馬は食欲を増し、肥え太るという意味。ただし、秋の豊穣（ほうじょう）さを表したものでなく、もとは中国で異民族の襲来を警戒するための言葉。馬が太りだす秋になると、北方の民族が馬にまたがって攻め込んできたことから。

□**江戸の敵を長崎で討つ**……江戸の敵を長崎で討つように、思いもよらない場所、または筋違いのことで昔の恨みをはらすこと。異説もあり、大坂の見せ物師が江戸で人気を博したとき、長崎から来た見せ物師がそれ以上の人気を博した。そこから生まれた言葉で、「江戸の敵を長崎が討つ」が正しいともされる。

□**笛吹けども踊らず**……手を尽くして働きかけても、それに応じて人が動き出さないことのたとえ。イエスが信仰に導こうとしても、人々はイエスの言葉を無視したという『新約聖書』の「マタイ伝」から。「あの会社は、幹部が厳しく言っても、社員は笛吹けども踊らずで、いっこうに業績が上がらない」などと用いる。

□**望蜀**……「隴を得て蜀を望む」ともいう。中国の三国時代、魏の将軍・司馬懿が隴の地を征服し、さらに蜀の地までを攻めようと言ったとき、主君の曹操が、後漢・光武帝の言葉を引用して戒めた。一つの望みを遂げると、次の望みが起きるように、人間の欲望には限度がなく、満足を知らないことのたとえ。

□**桂馬(けいま)の高上(たかあ)がり**……「桂馬」は将棋の駒で、他の駒を飛び越して一筋横の二コマ先に進める。ただし、後ろには戻れないため、安易に進みすぎると歩(ふ)の餌食になってしまう。そこから分不相応な地位について、失敗したり失脚することのたとえ。「桂馬の高上がり歩の餌食」ともいう。

□**白眉(はくび)**……多数ある中で、最も優れている人、物をたとえていう。中国の三国時代、蜀の馬氏の五人兄弟は皆秀才だったが、眉に白い毛のある長兄の馬良(ばりょう)が最も優れていたことから。「ローマ観光の白眉は、やっぱりコロッセオだ」などと用いる。

□**墨守(ぼくしゅ)**……自己の習慣や主張などを固く守り、変えないこと。中国の戦国時代、宋の思想家の墨子が、楚の軍師・公輸盤の九回にわたる挑戦を九回とも破り、楚の侵略を防いだことから。「祖先の教えを墨守する」「定説を墨守するばかりでは、進歩がない」などと用いる。

□**宋襄の仁**（そうじょうのじん）……不必要な哀れみをかけて、ひどい目にあうこと。無益な情け。「宋襄」は中国・春秋時代の宋の王、襄公。楚の国との戦いで「敵の準備が整わないうちに攻めましょう」という側近の進言を退け、「人が困っているときに苦しめてはいけない」と言って、やがて楚に敗れたことから。

□**焦眉の急**（しょうびのきゅう）……「焦眉」は〝眉を焦がす〟ほど、火が近づいていること。そこから、危険や出来事が差し迫っているの意。出典は宋代の『五灯会元』（ごとうえげん）で、「急切の一句とは何か」との問いに、法泉禅師が「火、眉毛を焼く」と答えたことから。「コロナ対策こそ、焦眉の急だ」などと用いる。

□**病膏肓に入る**（やまいこうこうにいる）……病気が重くなり、治療しようもない状態になること。そこから、物事に熱中するあまり、抜け出られなくなること。「膏」「肓」はともに、治療しにくい体の部位で、中国の春秋時代、晋の景公が病気になったとき、病気の精が膏と肓に入ってしまい、治らなかったことから。「こうもう」と読む人が増えているが、誤読。

7 教養人のための「ことわざ」「故事成語」②

□**瓜**(うり)**の蔓**(つる)**に茄子**(なすび)**はならぬ**……瓜の蔓に茄子の蔓を無理につなごうとしても、茄子とならないのと同じように、平凡な親から、非凡な才能をもった子は生まれないこと。同じ意味で「へちまの種は大根にならぬ」ということわざもある。

□**鶍**(いすか)**の嘴**(はし)**の食**(く)**い違**(ちが)**い**……鶍はスズメ科の鳥で、冬の日本で越冬する。その鶍の嘴は、上下が食い違っている。その食い違った嘴のおかげで固い物も食い切ることができるのだが、人の目には不便に見える。そこから物事が食い違い、思いどおりにならないことのたとえになった。

□**畳**(たたみ)**の上**(うえ)**の水練**(すいれん)……理屈や方法をよく知っていても、実際に泳いで練習していないため、何の役にも立たないこと。畳の上でどんなに水泳の真似事をしても、泳げるようにはならないことにたとえた言葉。

□**月(つき)に叢雲(むらくも)、花(はな)に風(かぜ)**……満月の月見の邪魔をするのは雲で、満開の桜の花見を妨げるのは風である。そこから、とかくいいことには、邪魔が入りやすいことのたとえ。この世の中、自分の思うようにはならないことのたとえでもある。

□**天網恢恢疎(てんもうかいかいそ)にして漏(も)らさず**……「恢恢」は、広く大きいさま。「疎」は、物と物の間がまばらなこと。天の張り巡らせた網は広く大きく、かつ目が粗いが、悪人を漏らすことなく、処罰するという意味。悪いことをすれば、かならず処罰されることのたとえ。

□**泣(な)いて馬謖(ばしょく)を斬(き)る**……馬謖は、中国の三国時代、蜀の軍師・諸葛孔明が目をかけていた将軍。馬謖が軍規を破ったために蜀軍が敗れたとき、孔明は軍規を守るため、泣く泣く馬謖を死刑にした。そこから規律を守るためには、私情を捨てて愛する者を処罰することを意味する。

□**六日の菖蒲**……時機に遅れてしまい、役に立たないもののたとえ。五月五日の端午の節句には菖蒲湯を沸かすために菖蒲が必要だが、六日に菖蒲があっても役に立たないところから。

□**孟母三遷の教え**……教育には環境が重要であるたとえ。中国の思想家・孟子の母は賢母で有名で、はじめは墓場、つぎに市中、三度目には学校の近くに引っ越した。学校の近くに住むと、孟子は礼儀作法の真似をするようになったという故事から。

□**洛陽の紙価を高める**……中国・晋の時代の洛陽で、左思の『三都賦』という本が評判になって、多くの人がこれを書き写したため、洛陽では紙の値段が高くなったという故事がある。そこから、著書が好評を博して、ベストセラーになること。

□**雨垂れ石を穿つ**……雨垂れでも、長期間、同じ場所に落ち続けると、石に穴を開けてしまう。同じように、たとえ微力でも、根気よく続けていれば、いつかは成功することのたとえ。「雨垂れ石を穿つような、地道な努力が大切だ」などと用いる。

□**木に縁りて魚を求む**……木から魚をとろうとしても捕れるわけがないことから、方法を誤れば、物事は成功しないということ。中国の思想家・孟子が、梁の王をいさめるときに使った言葉。「技術開発チームに営業させるとは、木に縁りて魚を求むようなものだ」などと用いる。

第8章

いま大人に必要なのは日本語の「常識力」

1 「季節の日本語」を知っていますか

□**若水**（わかみず）……元日の朝に、初めて汲（く）む水のこと。古来、この水を飲んだり、料理に使って、体内に入れると、一年の邪気が除かれるとされる。

□**寒の雨**（かんのあめ）……寒中（1月4日ごろから2月4日ごろまで）に降る冷たい雨。とくに寒に入って9日目の雨を「寒九（かんく）の雨」と言う。

□**寒の戻り**（かんのもどり）……晩春のころ、一時的に冬を思わせるような異常な寒さがぶり返す現象。「寒帰り」ともいう。「今朝は寒くて、冬のコートで出かけました。寒の戻りですね」などと用いる。

□**木の芽時**（このめどき）……木々に新芽が生えだす、早春のこと。「木の芽時になると、晴れやかな気持ちになる」などと用いる。

□**菜種梅雨**（なたねづゆ）……3月下旬から4月上旬にかけて降る春の長雨。菜の花が盛りのころに降ることから、この名がついた。本州南岸に停滞する前線により、関東以西の太平洋岸で降る。

□**花曇**（はなぐもり）……桜の咲くころ、空が薄く曇り、温かくどんよりとした天候になること。ときに霧や雨を伴う。満開に咲いた桜の花が、遠くからは霞がかかったように淡く見える状態も指す。

□**花冷え**（はなびえ）……4月、桜の咲くころになって、寒さが戻ってくること。または、その寒さ。「花冷えの中の花見となった」などと用いる。

□**山笑う**（やまわらう）……早春、山の木々が芽吹きはじめたころ、華やかになった山の姿が、笑っているように見える様子。冬はひっそりとして「山眠る」状態だったものが、一転、明るくなるさま。

□忘れ雪（わすれゆき）……その冬の最後に降る雪。「雪」とつくが、春の季語。「雪の果て」とも「雪の別れ」とも言う。「もう春だと思っていたのに雪か。これが忘れ雪かもしれないね」などと用いる。「なごり雪」と同じ意味。

□青梅雨（あおつゆ）……新緑に降る梅雨のこと。青葉が雨に濡れると、その色がさらに濃くなったように見えることから。

□卯の花くたし（うのはなくたし）……「卯の花」は落葉低木のウツギのことで、梅雨のころに花をつける。「くたし」は腐らせること。卯の花を腐らせる長雨、つまりは五月雨（さみだれ）のこと。また、この時期の曇天は「卯の花ぐもり」と言う。

□五月闇（さつきやみ）……「五月雨」は陰暦5月ごろに降る長雨で、梅雨のこと。五月雨が降るころ、昼は曇っていて暗く、夜も闇が深いことを指す。

□虎が雨（とらがあめ）……陰暦5月28日に降る雨。『曾我物語』の曾我十郎はこの日、父の仇討ちを果たすものの討ち死にする。十郎の愛人である遊女・虎御前の涙雨ということから、この名がついた。

□**送り梅雨**（おくりづゆ）……梅雨が明けるころになって、急に強い雨が降る気候のこと。梅雨を追い払うほどの強い雨ということから、この名がついた。

□**白南風**（しらはえ）……梅雨明けのころ、夏の太陽が照りつけるなか吹く、南風のこと。また、梅雨時、どんよりとした曇り空に吹く南風を「黒南風（くろはえ）」と言う。

□**短夜**（みじかよ）……夏の短い夜のこと。昼がもっとも長くなる夏至（げし）（6月22日ごろ）前後、こうした短い夜の日々が続く。夏の季語。「明早し」「明易（やす）し」「明急ぐ」なども同じ意味。「たんや」とも読む。

□**初月**（はつづき）……陰暦の月初め、日没時に西の空に見える月。とくに陰暦8月初めに見える月のことを言う。秋の季語。「はつつき」と清音で読んで、正月を意味することもある。

□十六夜（いざよい）……「十六夜の月」の略。陰暦16日夜の月、とくに陰暦8月16日夜の月。十五夜の満月に比べ、少し形がやせ、少し時刻が遅く、いざよう（ためらう）ように出てくることから。

□立待月（たちまちづき）……陰暦17日夜の月のこと。とくに陰暦8月17日の月を指し、秋の季語。この夜の月の出は早く、出るのを立って待っていても平気だったことから。

□名残の月（なごりのつき）……一年のうちで、最後に見られる名月のことで、具体的には陰暦9月13日夜の月を指す。また季節と関係なく、夜明けの空に残った月にも用いる。「残月」と同じ意味。

□細雪（ささめゆき）……こまかに降る雪、あるいは、まばらに降る雪のこと。粉雪。谷崎潤一郎の小説の題名として有名。

□数え日（かぞえび）……年末、指で数えられるぐらい、一年の残り日が少なくなったころ。

2 「色の名前」を知っていますか

□鶯色（うぐいすいろ）……ウグイスの背が、緑に黒茶色が混じったような色をしているところから、それによく似た褐色がかかった黄緑色を指す。「鶯茶」ともいう。

□茜色（あかねいろ）……沈んだ黄赤色。アカネの根で染めた色のこと。アカネは「赤根」とも記すように、根に赤色系の成分がある。その成分はアリザリン。

□萌黄色（もえぎいろ）……やや黄みをおびた緑色。「萌葱」とも書き、葱の萌え出る色を想像させるところから、この名がついた。

□山吹色（やまぶきいろ）……やや赤みのある黄色。山吹の花が鮮やかな黄色をしているところから、黄金色のような黄色にこの名がついた。「山吹色の大判」など、大判や小判の色を表すときによく用いる。

□**浅葱色**（あさぎいろ）……緑と青の中間の薄い青緑色。「浅黄色」とも書く。

□**辰砂**（しんしゃ）……深い紅色、あるいは赤褐色。硫化水銀鉱からつくられた、朱の顔料の名でもある。中国の辰州産のものが高名なことから、この名がついた。

□**鬱金色**（うこんいろ）……濃い黄色。ウコンはカレーの原料の一つ、ターメリックのこと。ウコンの根茎からは、濃い黄色の染料をつくる。

□**御納戸色**（おなんどいろ）……緑色や灰色を帯びた藍色。江戸城内の納戸の垂れ幕や風呂敷に使われた藍染の一種で、江戸後期に流行した。「納戸色」とも言う。

□**鈍色**（にびいろ）……濃いネズミ色。薄くすった墨に、黒褐色のタデ科のアイをさして染めた色。かつては喪服や、出家した人の衣に用いられた。

□**烏の濡れ羽色**（からすのぬればいろ）……水に濡れたカラスの羽のように、ふつうの黒色よりも艶のある黒色。「烏の濡れ羽色のような髪」というように、美しい黒髪を讃えるときによく用いる。

□**銀鼠**（ぎんねずみ）……ねずみの毛色のような淡い黒色が銀がかった色。光沢を帯びた、うすい黒色。「ぎんねず」とも読む。

□**濃紫**（こむらさき）……深い小豆色を帯びた紫色。平安時代には、三位以上の位の色であり、高貴な色だった。「こいむらさき」と読まないように。

□**古代紫**（こだいむらさき）……薄い赤みを帯びた、くすんだ紫色。藍色の勝った江戸紫や赤みのある京紫とは違う、日本古来の紫色。

□**鴇色**（ときいろ）……薄い桃色。あるいは薄い紅色。特別天然記念物の鳥であるトキの羽の内側や風切り羽によく似た色であるところから。

3 「食の言葉」を知っていますか

□**旨煮**(うまに)……肉や魚を甘辛く煮つけた料理。「甘煮」とも書く。「野菜の旨煮」など。

□**御茶請け**(おちゃうけ)……お茶を飲むときに食べる菓子や漬物。「御茶請けにぴったりですよ」など。

□**米油**(こめあぶら)……米ぬかをしぼった油。「油」が言葉の下についたとき、「あぶら」と読むか、「ゆ」と読むかは一つずつ覚えるしかない。

□**血合**(ちあい)……魚の背骨の近くにある血を多く含む部分。「血合は取り除いてください」などと使う。

□**関サバ**（せきさば）……豊後水道（四国と九州の間の海）で水揚げされる〝ブランドサバ〟。「かんさば」とは読まない。

□**治部煮**（じぶに）……鴨肉などに小麦をまぶして煮込んだ料理。金沢地方の郷土料理として知られる。

□**諸白**（もろはく）……上質の酒。麹用の米と蒸し米をともによく「精白」して作った酒という意。

□**骨酒**（こつざけ）……タイやフグ、イワナなどの魚の骨やひれを焼いて、熱燗に浸したもの。「ほねざけ」と読むのはＮＧ。

□**粗熱を取る**（あらねつをとる）……火を通した材料を、水などにつけて急速に冷やすのではなく、放置しておいて、湯気がおさまるくらいまで自然に冷やすこと。

□**板摺り**（いたずり）……キュウリやフキなどの色をよくするため、まな板の上に置いて塩を振り、手で軽く押さえて転がすこと。

□差水(さしみず)……麺類や豆などを茹でているとき、途中で水を加えること。沸騰をいったんしずめることで、材料の表面が引き締まり、中まで火が通りやすくなる。「びっくり水」とも言う。

□面取り(めんと)……大根や芋などを煮るとき、切り口の角を包丁で薄く削り取ること。煮崩れ防止になる。

□油通し(あぶらどお)……中国料理での下ごしらえ。野菜や肉などを炒めたり煮たりする前に、サッと油で揚げておくこと。野菜が色鮮やかになったり、肉がやわらかく仕上がる効果がある。

□落とし蓋(おとしぶた)……鍋よりひと回り小さい蓋のことで、煮物をつくるとき、鍋の中の材料の上に置く。そうすると、煮汁が全体に行き渡り、また、沸騰によって材料が浮き上がるのを防げるので形が崩れない。料理学校で初めてこの言葉を聞いた人が、「落とし豚」と思って豚肉を入れたという笑い話もある。

□**湯**(ゆ)**むき**……材料をいったん熱湯にくぐらせたのち、皮をむくこと。こうすると、皮がむきやすくなる。トマトの湯むきがよく知られる。

□**石**(いし)**づき**……シイタケ、シメジなど、キノコ類の軸の根元にある硬い部分のこと。

□**追**(お)**い鰹**(がつお)……野菜や乾物の煮物をつくるとき、醤油などで調味したかつお節の出し汁で材料を少し煮たあと、かつお節をさらに加えること。

□**甘塩**(あまじお)……「薄塩」とも言う。肉や魚などに塩を薄く含ませること。甘い塩があるわけではない。

□**隠**(かく)**し包丁**(ぼうちょう)……材料の裏側に包丁で切れ目を入れること。材料に火が早く通るようにしたり、味をしみ込みやすくするのが目的。

□**鬆(す)が立(た)つ**……大根やゴボウなどを長く放置したため、内部に隙間や穴ができること。あるいは、豆腐や茶碗蒸しなどを加熱しすぎて、内部に穴ができること。「鬆」は、骨粗鬆症(こつそしょう)の「鬆」と同じ漢字。

□**三枚(さんまい)おろし**……魚のおろし方の一つで最も基本的なもの。包丁を中骨の両側に入れて、2枚の身と中骨部分の計3枚に切り分けること。

□**手開(てびら)き**……魚の身の開き方の一つ。包丁を使わず、親指の先を中骨に沿わせるようにして、身を開く方法。イワシなど、身がやわらかく小骨の多い魚によく使う。

□**縞目(しまめ)にむく**……キュウリやカボチャなど、表面の色が濃い野菜の皮をむくとき、ところどころ皮を残してむくこと。縞模様のコントラストが美しく見える。

□**手綱切(たづなぎ)り**……コンニャクやカマボコの切り方の一つ。薄切りにしたコンニャクなどの中央に切れ目を入れて、そこに片端をくぐらせる。

□**茶巾絞り**（ちゃきんしぼり）……芋、カボチャ、ゆり根を煮てすりつぶしたものや、魚のすり身などを布巾に包んで絞り、絞り目をつけた食べ物。

□**煮切る**（にきる）……みりんや酒を煮立てて、アルコール分を蒸発させてしまうこと。アルコール分は加熱するとクセが出ることがあるので、風味をよくするために行う。

□**ひたひたの水**（みず）……鍋で材料を煮るとき、平らにならした材料の上部が見え隠れするくらいの水加減。材料に水がかぶる状態よりも、やや少なめの水量。

□**みぞれあえ**……魚介類やキノコ類などを調理し、あえ衣として大根おろしを加えてあえたもの。「おろしあえ」とも言う。大根おろしが霙（みぞれ）のように見えるところから、この名がついた。

□**西京焼き**（さいきょうやき）……西京味噌に漬けた白身魚を用いた焼魚料理。西京味噌は、おもに京都でつくられる米麹を多く使った甘味の強い白味噌。

□**化粧塩**（けしょうじお）……アユやタイなどを姿焼きするとき、直前に塩を振りかけること。とくにヒレや尾の部分に多めに振ると、焦げるのを防げ、焼き上がりが美しくなる。

□**ひとつまみ**……親指、人さし指、中指の先でつまんだ程度の量。塩ならおよそ1グラムに相当する。

□**白髪ねぎ**（しらがねぎ）……長ネギの白い部分を繊維に沿って、細く線切りにしたもの。一度、水にさらしたのち、水を切って料理の付け合わせなどに使う。

□**含め煮**（ふくめに）……やや薄味の煮汁を材料にたっぷり含ませるように、やわらかく煮ること。

□**もどし汁**（もどしじる）……干しシイタケや切り干し大根などの乾物類を、やわらかくするために浸していた湯や水のこと。

4 「月の呼び方」を知っていますか

□**睦月（むつき）**（一月）……新年にみなが集まって「睦みあう」という「むつびづき」に由来する。ほかに「初空（はつそら）月」「太郎（たろう）月」「年端（としは）月」「霞初（かすみそめ）月」などの名がある。

□**如月（きさらぎ）**（二月）……冬から春に向かって草木が「更生」するという「生更（きさら）ぎ」、または、寒いため着物を重ねる「着更着」に由来するとみられる。ほかに「梅見（うめみ）月」「雪消（ゆきぎえ）月」など。

□**弥生（やよい）**（三月）……「弥」はますますという意味。春、暖かくなり、草木が「いや（弥）生い茂る」という「いやおい」から。ほかに「花（はな）月」「桜（さくら）月」「春惜（はるおしみ）月」など。

□**卯月**（うづき）**（四月）**……卯の花の咲く月であることに由来するとみられる。また、稲を植える「植月」が変化したという説もある。ほかに「夏初（なつは）月」「木葉採（このはとり）月」など。

□**皐月**（さつき）**（五月）**……田植えのシーズンであり、早苗（さなえ）を植えつける月ということに由来。ほかに「田植月」「田草（たぐさ）月」「橘（たちばな）月」「月見（つきみ）ず月」など。

□**水無月**（みなづき）**（六月）**……もともとは「水之月（みなづき）」と書いた。田植えに多くの水を必要とする月だから。ほかに「松風（まつかぜ）月」「鳴神（なるかみ）月」「涼暮（すずくれ）月」など。

□**文月**（ふみづき）**（七月）**……「ふづき」とも読む。七夕のある月で、牽牛・織姫に詩歌の「文」を供える風習があったところから。ほかに「棚機（たなばた）月」「袖合（そであい）月」「七（なな）夜（よ）月」など。

□**葉月**（はづき）**（八月）**……秋が訪れ、葉の落ち始める月だから。また、稲の穂が張る月だからという説もある。ほかに「秋風（あきかぜ）月」「草（くさ）つ月」「燕去（つばめさり）月」など。

□**長月**（ながつき）**（九月）**……夜がだんだんと長くなっていく「夜長月」からきているという説が有力。ほかに「菊月（きくづき）」「小田刈月（おだかりづき）」「色取月（いろどりづき）」など。

□**神無月**（かんなづき）**（十月）**……全国の神々が出雲に集まり、他の地に神がいなくなるから。また、「神之月」からの転という説もある。ほかに「時雨月（しぐれづき）」「初霜月（はつしもづき）」など。

□**霜月**（しもつき）**（十一月）**……寒さが日に日に増して、朝、大地に霜が降ることが多くなる月だから。ほかに「神来月（かみきづき）」「雪待月（ゆきまつづき）」「霜降月（しもふりづき）」など。

□**師走**（しわす）**（十二月）**……すべてのことを終わらせる月、つまり「為果す（しはす）」月、また「年果つ」が変化したなど諸説ある。ほかに「年積月（としつみづき）」「春待月（はるまちづき）」など。

5 「二十四節気」を知っていますか

「二十四節気」は一年を24等分して、その区分に季節を表す名前をつけたもの。祝日になっている春分の日と秋分の日をはじめ、立春や夏至、冬至など、現在でも季節の始まりや特徴を表す目安として、よく耳にする名前が多い。

□**立春**（りっしゅん）……2月4日ごろ。節分の翌日で、暦のうえでは一年の始まりにあたる。立春から立夏の前日までが、季節では「春」となる。

□**雨水**（うすい）……2月19日ごろ。雪が雨に変わり、雪や氷が溶け始めるころ。春の気配が感じられるようになり、昔は農耕の準備を始める目安となった。

□**啓蟄**（けいちつ）……3月6日ごろ。冬の間、土の中にいた虫たちが、姿を現し、活動を開始する時期。「蟄」には、虫が土中にこもるという意味がある。

□**春分**（しゅんぶん）……3月21日ごろ。昼夜の時間が等しくなる日。春分の日を中日とする前後7日間が彼岸となる。寒さが和らぎ、本格的な春を迎える。

□**清明**（せいめい）……4月5日ごろ。万物がすがすがしく美しい時期。関東以西では桜の見ごろとなり、さまざまな花が咲く季節となる。

□**穀雨**（こくう）……4月20日ごろ。春の雨が降るころにあたる。この時期の雨は、稲や麦といった穀物の生長を助けるところからこう呼ばれる。

□**立夏**（りっか）……5月6日ごろ。新緑が美しくなるころで、暦のうえでは夏の始まりにあたる。この日から立秋前日までが「夏」となる。

□**小満**（しょうまん）……5月21日ごろ。「陽気盛んにして万物ようやく長じて満つ」と言われるように、万物が生長し一定の大きさになるころ。

□**芒種**（ぼうしゅ）……6月6日ごろ。芒種とは、稲や麦など、「芒（のぎ）」（花の外殻にある突起）のある穀類を蒔く時期という意味。昔は田植の時期にあたったが、現在はもっと早い。

□**夏至**（げし）……6月22日ごろ。北半球では、太陽の南中高度が最も高くなり、一年のうちで昼がいちばん長く、夜が短い日。日本では梅雨の時期にあたる。

□**小暑**（しょうしょ）……7月8日ごろ。梅雨明けの時期で、暑さが厳しくなっていく。小暑から立秋前日までが「暑中」で、暑中見舞いを出す期間。

□**大暑**（たいしょ）……7月23日ごろ。最も暑いころ。7月20日ごろが「夏の土用の入り」で立秋まで18日間続く。この間の丑の日に、ウナギを食べる習慣がある。

□**立秋**（りっしゅう）……8月8日ごろ。暦のうえでは秋の始まりだが、実際には残暑の厳しい時期にあたる。この日以降は、暑中見舞いではなく、残暑見舞いを出す。

□処暑(しょしょ)……8月24日ごろ。暑さがおさまり始めるという意味。本来は、朝夕は暑さが和らぎ、昼間が短くなってきたことを感じるころ。

□白露(はくろ)……9月8日ごろ。大気が冷え始め、朝、草花に白露が宿るようになる時期。秋の趣が感じられるようになる季節。

□秋分(しゅうぶん)……9月23日ごろ。春分の日と同じく、昼夜の時間が等しくなる日。秋の彼岸を迎え、秋の七草が咲く時期にあたる。

□寒露(かんろ)……10月9日ごろ。冷たい露を結ぶ時期という意味。秋の長雨が終わり、秋が深まっていく時期。稲刈りが終わり、菊の花が咲くころにあたる。

□霜降(そうこう)……10月23日ごろ。冷気が入ってきて、北国や高地では霜が降り始めるころ。花は少なくなり、代わって紅葉が色づき始める。

□立冬(りっとう)……11月8日ごろ。暦のうえでは冬の始まり。昼がいっそう短くなり、冬の気配が増していく時期。空気が乾燥し、空が青く澄んでくる。

□**小雪**（しょうせつ）……11月23日ごろ。高山では雪が降り始めるころ。木々は葉を落とし、陽光は弱くなり、冷え込みが厳しくなる時期。

□**大雪**（たいせつ）……12月8日ごろ。平地でも霜が降りるようになり、冬本番となるころ。日本海側や北国では本格的に雪が降り始める。

□**冬至**（とうじ）……12月22日ごろ。昼が最も短く、夜が最も長い日。柚子（ゆず）湯に入り、冬至粥（小豆粥）やカボチャを食べると、風邪をひかないと言われる。

□**小寒**（しょうかん）……1月6日ごろ。寒さがいよいよ厳しくなっていくころ。小寒から節分までを「寒（かん）」と言い、この日が「寒の入り」となる。

□**大寒**（だいかん）……1月20日ごろ。一年のうちで最も寒さが厳しい時期。立春を迎え、寒が終わることを「寒明け」と言う。

第9章　ここで知力が試される「地理」「歴史」の言葉

1 常識として知っておきたい「地名」①

□稚内

〔わっかない〕　北海道北端部にある市。宗谷海峡に面し、日本最北の岬である宗谷岬がある。漁業が盛ん。

□弘前

〔ひろさき〕　青森県の市。ねぷた祭りで有名。なお正式には、青森は「ねぶた」、弘前は「ねぷた」という。

□気仙沼

〔けせんぬま〕　宮城県三陸海岸の気仙沼湾に面する市。リアス式海岸でも知られる遠洋漁業の基地。

□鬼怒川

〔きぬがわ〕　栃木県の鬼怒沼から、茨城県を通って利根川と合流する川。その名は、たびたび洪水を起こしたことに由来。

□行方

□習志野

□葛飾

□石和温泉

□御殿場

□修善寺温泉

□敦賀

〔なめがた〕　茨城県の霞ヶ浦湖岸にある市。湖岸の一部は水郷筑波国定公園に指定されている。×なめかた。

〔ならしの〕　千葉県にある市。江戸時代は幕府直轄地で、台地に幕府直轄の牧場が置かれていた。

〔かつしか〕　東京都北東部の区の名前。歴史のある地名で、奈良時代の戸籍帳にも記述のある地名。

〔いさわおんせん〕　山梨県にある温泉地。ぶどう狩りも盛ん。

〔ごてんば〕　静岡県の富士山麓にある高原都市。富士登山の拠点のひとつ。自衛隊の演習場があることでも知られる。

〔しゅぜんじおんせん〕　静岡県伊豆市の町。空海が掘り起こしたという温泉があることで有名。

〔つるが〕　福井県敦賀湾に面した市。城下町として栄える一方、良港に恵まれ、日本海交通の要衝だった。

□飛鳥

□米子

□玉造温泉

□小豆島

□新居浜

□今治

□四万十川

〔あすか〕　奈良県明日香村とその一帯の呼び名。高松塚古墳など多くの史跡がある。

〔よなご〕　鳥取県の市。古くから城下町として商業が栄えた。野菜栽培や皆生(かいけ)温泉でも知られる。

〔たまつくりおんせん〕　島根県にある山陰の代表的温泉地。『出雲国風土記』にも登場する。めのう細工も有名。

〔しょうどしま〕　香川県の瀬戸内海に浮かぶ島のひとつ。瀬戸内海では淡路島に次ぐ二番目の面積を誇る。

〔にいはま〕　瀬戸内海に面する愛媛県の市。銅鉱山の積み出し港として発展。明治以後は重化学工業都市に。

〔いまばり〕　愛媛県の市。江戸時代は城下町として栄え、明治以降は今治港を中心に発展してきた。

〔しまんとがわ〕　高知県にある清流。四国山地を水源とし、土佐

□足摺岬

□都城

□択捉島

□長万部

□羅臼

□朝霞

湾に到達する。

〔あしずりみさき〕　高知県土佐湾にある四国最南端の岬。沖合は、古くよりカツオなどの好漁場として知られる。

〔みやこのじょう〕　宮崎県都城盆地にある県内の主要都市。島津藩下の町としても栄えた。

〔えとろふとう〕　北海道根室半島にある島。北方四島のうち最大の島で、北洋漁業の基地として知られる。

〔おしゃまんべ〕　北海道の町。アイヌ語で「ヒラメのいる所」を意味する「オシャマンペ」に由来。

〔らうす〕　知床半島の東側にある町。アイヌ語で「低いところ」を意味する「ラウシ」が変化した名。

〔あさか〕　埼玉県の市。古くは川越街道の宿場として栄え、戦後はベッドタウンとして発展した。

2 常識として知っておきたい「地名」②

□福生

□強羅

□安曇

□小千谷

〔ふっさ〕　東京都西部、多摩川沿いの市。アメリカ軍横田基地があり、基地の町として発展した。

〔ごうら〕　神奈川県の箱根にある温泉。箱根登山鉄道の終点駅があり、箱根観光の拠点。

〔あづみ〕　長野県松本市の地名。穂高岳や乗鞍(のりくら)高原などの観光拠点。

〔おぢや〕　新潟県の市。高田藩の銀山の開発により、三国、銀山両街道の宿場町として栄えた。

□尾鷲

□信楽

□橿原

□斑鳩

□烏丸通り

□先斗町

□十三

〔おわせ〕　三重県の市。古くは九鬼水軍の本拠地。遠洋漁業のほか、林業も発達し、尾鷲檜の産地として有名。

〔しがらき〕　滋賀県にある信楽焼で知られる地。聖武天皇の時代には、紫香楽宮が造営された。かつては信楽町だったが、今は甲賀（こうか）市となり、甲賀市信楽町として地名に残る。

〔かしはら〕　奈良盆地にある市。名所・旧跡が多いことで有名。

〔いかるが〕奈良県生駒郡の地名。聖徳太子が宮を造営した地として知られ、多くの寺社や、古墳群がある。

〔からすまどおり〕京都市街を南北に通る街路。南は京都駅から、北は北大路通まで。「からすまる」ではない。

〔ぽんとちょう〕　京都の花街。ポルトガル語で「先端」を意味する「プンタ」がなまったとされる。

〔じゅうそう〕　大阪市淀川区の繁華街。第二次世界大戦後の復

□箕面

□城崎

□諫早

□西表島

□足寄

□八幡平

興期から盛り場として発展。

〔みのお〕　大阪府有数のベッドタウン。市の大部分を明治の森箕面国定公園が占める。

〔きのさき〕　兵庫県城崎郡にある温泉町。『城崎にて』を書いた志賀直哉をはじめ、多くの文人が訪れた。

〔いさはや〕　長崎県の市。古くは諫早氏の城下町として栄えた交通の要衝。

〔いりおもてじま〕　沖縄県八重山諸島にある島。大部分は山地で、マングローブなど亜熱帯原生林に覆われている。

〔あしょろ〕　北海道十勝にある町。アイヌ語で「沿って下る川」の意味の「アショロペッ」に由来。

〔はちまんたい〕　秋田県と岩手県境にある火山。ブナ林や樹海が広がる景観で知られる。

3 子どもに聞かれても一瞬で答えたい「地名」①

□**左沢**

□**安達太良山**

□**奥入瀬川**

□**四万温泉**

〔**あてらざわ**〕　山形県の地名。最上川の左岸を「あちら」と呼んだことに由来するとみられる。

〔**あだたらさん**〕　福島県にある山で、別名乳首山。『智恵子抄』（高村光太郎）には「阿多多羅山」と歌われている。

〔**おいらせがわ**〕　青森県東部を流れる川。十和田湖から太平洋にそそぎ、奥入瀬渓谷は滝や奇岩が多い景勝地。

〔**しまおんせん**〕　群馬県吾妻川沿いの温泉地。伊香保、草津とともに「上毛（じょうもう）の三名湯」といわれる。

□潮来
□碓氷峠
□嬬恋
□狸穴
□都留
□郡上八幡
□愛鷹山

〔いたこ〕　茨城県利根川の三角州にある市。古くから霞ヶ浦など水運の中心地として発展。

〔うすいとうげ〕　群馬県と長野県の境界にある峠。かつては中山道一険しい峠として知られた。

〔つまごい〕　群馬県吾妻郡にある村。名の由来は、日本武尊が妻をしのんだという故事による。

〔まみあな〕　東京都港区にある地名。かつては狸が出るような寂しい場所だったことから、こう名付けられた。

〔つる〕　山梨県にある市。中世から城下町として栄える。都留文科大学があることで知られる

〔ぐじょうはちまん〕　岐阜県郡上市八幡町の別名。城下町として栄え、「郡上おどり」が有名。

〔あしたかやま〕　富士山の南麓にある火山。山梨県の足和田山、

□珠洲

□揖斐川

□糸魚川

□誉田八幡宮

□韓国岳

□指宿

箱根の足柄山を合わせて「富士三脚」と呼ぶ。

〔すず〕　石川県の能登半島にある市。横穴群集古墳があり、古代から製塩が行われていたとみられる。

〔いびがわ〕　福井県と岐阜県の境から流れる木曽三川のひとつ。下流で長良川と合流して伊勢湾に流れ込む。

〔いといがわ〕　新潟県南西部にある市。ヒスイの産地としても知られる。

〔こんだはちまんぐう〕　大阪府羽曳野市にある日本最古の八幡宮。鎌倉時代以降、武士の信仰を集めた。

〔からくにだけ〕　宮崎・鹿児島県境の霧島連峰の最高峰。一説に「韓の国まで見渡せた」ことに由来する名。

〔いぶすき〕　鹿児島県薩摩半島にある市で温泉地。砂蒸し風呂で知られるほか、温泉熱を利用した園芸が盛ん。

4 子どもに聞かれても一瞬で答えたい「地名」②

□積丹岬

□留萌

□寒河江

□武尊山

□石廊崎

〔しゃこたんみさき〕 北海道積丹半島にある景観の美しい岬。「神威岬(かむい)」は絶景。

〔るもい〕 北海道にある市。アイヌ語で「汐が奥深く入る川」を意味する「ルルモッペ」に由来。

〔さがえ〕 山形県の市。寒河江温泉があることで知られ、サクランボウの名産地。

〔ほたかやま〕 群馬県にある火山。別名「ほたかさん」。山頂部には馬蹄形の火口がある。

〔いろうざき〕 静岡県伊豆半島にある岬。国指定名勝「伊豆西南

□**寸又峡温泉**

□**各務原**

□**石動**

□**英虞湾**

□**膳所**

□**祝園**

海岸」があることで知られる。

〔**すまたきょうおんせん**〕　静岡県にある峡谷。古くから電源開発が盛んで、多くのダムや発電所がある。

〔**かかみがはら**〕　岐阜県の木曽川北岸にある市。農村歌舞伎舞台「各務の舞台」は、国の重要有形民俗文化財。×「かがみがはら」。

〔**いするぎ**〕　富山県小矢部市の中心地。金沢へ続く要所として加賀藩の奉行所が置かれた。北陸道の宿場町。

〔**あごわん**〕　三重県の志摩半島最大の湾。リアス海岸として知られるほか、国内真珠養殖の中心地。

〔**ぜぜ**〕　滋賀県大津市の地名。琵琶湖の湖畔にあり、近江八景のひとつ「粟津の晴嵐」が有名。

〔**ほうその**〕　京都府にある地名。朝廷に背いて討伐された武埴

□立売堀

□放出

□栗林公園

□遠賀川

□耶馬溪

□球磨川

安彦の霊を鎮めるために建立された祝園神社がある。

〔いたちぼり〕　大阪市西区にある運河の跡地。かつては江戸深川、熱田白鳥とともに三大木場と称された。

〔はなてん〕　大阪市鶴見区にある寝屋川と長瀬川が合流する地。水の放出口があったことが名前の由来。

〔りつりんこうえん〕　高松市栗林町にある県立公園の名称。日本を代表する回遊式大名庭園。

〔おんががわ〕　福岡県にある川。明治期以降、流域の炭鉱業、農業の物資輸送に大きな役割を果たした。

〔やばけい〕　大分県にある渓谷。その景観を江戸時代の文人・頼山陽は「耶馬溪山無天下」とたたえた。

〔くまがわ〕　熊本県南部を流れる川。富士川・最上川とともに、日本三急流のひとつ。

5 読めますか？　どこですか？「旧国名」

1 **陸奥**（　　）青森県・岩手県
2 **陸中**（　　）岩手県・秋田県
3 **陸前**（　　）宮城県・岩手県
4 **羽後**（　　）秋田県・山形県
5 **羽前**（　　）山形県
6 **岩代**（　　）福島県
7 **磐城**（　　）福島県・宮城県
8 **下野**（　　）栃木県
9 **上野**（　　）群馬県
10 **常陸**（　　）茨城県
11 **下総**（　　）千葉県・茨城県

12 **上総**（　　）千葉県
13 **安房**（　　）千葉県
14 **武蔵**（　　）埼玉県・東京都・神奈川県
15 **相模**（　　）神奈川県
16 **甲斐**（　　）山梨県
17 **伊豆**（　　）静岡県
18 **駿河**（　　）静岡県
19 **遠江**（　　）静岡県
20 **信濃**（　　）長野県
21 **飛騨**（　　）岐阜県
22 **美濃**（　　）岐阜県

23 **三河**（　　）愛知県
24 **尾張**（　　）愛知県
25 **越後**（　　）新潟県
26 **佐渡**（　　）新潟県
27 **越中**（　　）富山県
28 **能登**（　　）石川県
29 **加賀**（　　）石川県
30 **越前**（　　）福井県
31 **若狭**（　　）福井県
32 **伊勢**（　　）三重県
33 **志摩**（　　）三重県
34 **伊賀**（　　）三重県
35 **紀伊**（　　）和歌山県・三重県
36 **山城**（　　）京都府
37 **丹後**（　　）京都府
38 **丹波**（　　）京都府・兵庫県
39 **大和**（　　）奈良県

40 **近江**（　　）滋賀県
41 **河内**（　　）大阪府
42 **和泉**（　　）大阪府
43 **摂津**（　　）大阪府・兵庫県
44 **播磨**（　　）兵庫県
45 **但馬**（　　）兵庫県
46 **淡路**（　　）兵庫県
47 **美作**（　　）岡山県
48 **備前**（　　）岡山県
49 **備中**（　　）岡山県
50 **備後**（　　）広島県
51 **安芸**（　　）広島県
52 **周防**（　　）山口県
53 **長門**（　　）山口県
54 **因幡**（　　）鳥取県
55 **伯耆**（　　）鳥取県
56 **出雲**（　　）島根県

57 石見（　　　）島根県
58 隠岐（　　　）島根県
59 讃岐（　　　）香川県
60 阿波（　　　）徳島県
61 伊予（　　　）愛媛県
62 土佐（　　　）高知県
63 豊前（　　　）福岡県・大分県
64 豊後（　　　）大分県
65 筑前（　　　）福岡県
66 筑後（　　　）福岡県
67 肥前（　　　）佐賀県・長崎県
68 壱岐（　　　）長崎県
69 対馬（　　　）長崎県
70 肥後（　　　）熊本県
71 日向（　　　）宮崎県
72 大隅（　　　）鹿児島県
73 薩摩（　　　）鹿児島県

▼解答
1 むつ
2 りくちゅう
3 りくぜん
4 うご
5 うぜん
6 いわしろ
7 いわき
8 しもつけ
9 こうずけ
10 ひたち
11 しもうさ
12 かずさ
13 あわ
14 むさし
15 さがみ
16 かい
17 いず
18 するが
19 とおとうみ
20 しなの
21 ひだ
22 みの
23 みかわ
24 おわり
25 えちご
26 さど
27 えっちゅう
28 のと
29 かが
30 えちぜん
31 わかさ
32 いせ
33 しま
34 いが
35 きい
36 やましろ
37 たんご
38 たんば
39 やまと
40 おうみ
41 かわち
42 いずみ
43 せっつ
44 はりま
45 たじま
46 あわじ
47 みまさか
48 びぜん
49 びっちゅう
50 びんご
51 あき
52 すおう
53 ながと
54 いなば
55 ほうき
56 いずも
57 いわみ
58 おき
59 さぬき
60 あわ
61 いよ
62 とさ
63 ぶぜん
64 ぶんご
65 ちくぜん
66 ちくご
67 ひぜん
68 いき
69 つしま
70 ひご
71 ひゅうが
72 おおすみ
73 さつま

6 読めそうで読めない歴史上の人物①

□卑弥呼
□厩戸皇子
□蘇我蝦夷
□小野妹子

〔ひみこ〕　三世紀の邪馬台国の女王。「魏志倭人伝」によると、呪術にたけ、三〇余国を統治したとされる。

〔うまやどのおうじ〕　聖徳太子のこと。推古天皇の摂政となり、冠位十二階の制定、十七条の憲法の発布、遣隋使の派遣などを行ったと伝わる。

〔そがのえみし〕　飛鳥時代の豪族。蘇我馬子(うまこ)の子。息子の蘇我入鹿(いるか)が中大兄皇子（天智天皇）に殺されたため自殺。

〔おののいもこ〕　聖徳太子の命により「日出(い)ずる処の天子、書を日没する処の天子に致す」という国書をもって隋に派遣された。

□天智天皇

□吉備真備

□道鏡

□鑑真

□坂上田村麻呂

〔てんじてんのう〕　飛鳥時代の天皇。蘇我氏を倒し、大化の改新を行う。

〔きびのまきび〕　奈良時代に活躍した吉備の豪族出身の政治家・学者。後に右大臣となる。唐に留学。帰国後、律令制定などに尽力した。

〔どうきょう〕　奈良時代の僧。孝謙上皇の寵愛をうけ、絶大な権力を握り、皇位さえ狙うが阻止されたとされる。その後、下野（しもつけ）に左遷。

〔がんじん〕　奈良時代の唐からの渡来僧。日本の律宗の祖。五度の渡航失敗、失明を乗り越え、ついに渡来して唐招提寺を創建した。

〔さかのうえのたむらまろ〕　平安初期の武将。蝦夷地平定に功績を残し、征夷大将軍となる。また、京都の清水寺の創建者ともいわれる。

□平将門

□以仁王

□源実朝

□足利尊氏

□護良親王

〔たいらのまさかど〕 平安中期の武将。下総を本拠地にする土着豪族。関東の最強豪族となるが、平貞盛・藤原秀郷に攻められ、最期を迎えた。

〔もちひとおう〕 平安後期の後白河天皇の子。源頼政と謀って、平家打倒の令旨(りょうじ)を発するが、発覚し、挙兵するも、討ち死にした。

〔みなもとのさねとも〕 鎌倉幕府第三代将軍。二代将軍の頼家の子公暁に暗殺される。歌人でもあり、歌集に『金槐和歌集』がある。

〔あしかがたかうじ〕 室町幕府初代将軍。鎌倉幕府倒幕に参加し、建武新政の功臣に。その後、後醍醐天皇と対立、室町幕府を創始。

〔もりよししんのう〕 後醍醐天皇の第一皇子。足利尊氏と対立したことで幽閉され、中先代(なかせんだい)の乱の際、殺された。「もりなが」とも

□**高師直**

□**毛利元就**

□**片桐且元**

□**柳生宗矩**

□**支倉常長**

読む。

〔こうのもろなお〕　南北朝時代の武将。足利尊氏の側近。その後、尊氏の弟直義（ただよし）と対立。上杉能憲によって殺された。

〔もうりもとなり〕　戦国時代の武将。大内氏、尼子氏を討ち、中国全域を支配する戦国大名となった。

〔かたぎりかつもと〕　安土桃山時代から江戸初期にかけての武将。秀吉死後は秀頼の後見人になったが、大坂の陣では家康側についた。

〔やぎゅうむねのり〕　江戸前期の剣術家、大名。二代将軍秀忠、三代将軍家光の兵法師範を務める。以後、柳生家が師範役を世襲した。

〔はせくらつねなが〕　江戸初期の武士。伊達政宗の命により、ヨーロッパに渡り、ローマで教皇に謁見。帰国後、失意のうちに息をひきとった。

□由井正雪

□浅野長矩

□吉良義央

□大石主税

□徳川家宣

〔ゆいしょうせつ〕　江戸前期の軍学者。丸橋忠弥や金井半兵衛たちとともに幕府転覆を図るが発覚し、自害した。

〔あさのながのり〕　播磨赤穂藩の浅野家三代目当主。江戸城内で吉良義央に斬りつけ、切腹。翌年の吉良邸討ち入りは「忠臣蔵」として有名。

〔きらよしなか〕　江戸中期の幕府の高家。通称は上野介。江戸城内で浅野長矩に斬りつけられ負傷。翌年、赤穂浪士に討ちとられる。

〔おおいしちから〕　赤穂四十七士のうちの一人。大石内蔵助の長男。浪士の中の最年少だったが、討ち入りの際には裏門隊の大将をつとめた。享年十六。

〔とくがわいえのぶ〕　江戸幕府第六代将軍。先代綱吉が重用した柳沢吉保を退け、新井白石を抜擢。「正徳の治」と呼ばれる政治の刷新をはかる。

□**荻生徂徠**

□**天一坊**

□**伊能忠敬**

□**田沼意次**

□**松平容保**

〔**おぎゅうそらい**〕　江戸中期の儒学者。朱子学を学んだ後、茅場町に塾を開き、多数の人材を輩出させた。

〔**てんいちぼう**〕　江戸中期、徳川吉宗の落胤（らくいん）といつわり、浪人を集めて金品を騙し取ったため、処刑された。

〔**いのうただたか**〕　江戸中期の測量家。酒造業などを営んでいたが、五十一歳で隠居し、天文暦学を学ぶ。自費もつぎこみ、全国の実地測量を行う。

〔**たぬまおきつぐ**〕　江戸中期の老中。九代家重、十代家治（いえはる）に仕える。積極的な経済政策を展開。賄賂政治を批判され、家治の死を境に失脚。

〔**まつだいらかたもり**〕　幕末の会津藩主。京都守護職に就き、一時は尊攘派の長州藩を追落とすが、その後、会津戦争では討幕軍と戦い、降伏。

□徳川家茂

〔とくがわいえもち〕　江戸幕府第一四代将軍。皇女和宮（かずのみや）と結婚して公武合体のシンボルとなるが、第二次長州征伐の際、大坂城で病死。

□島津斉彬

〔しまづなりあきら〕　幕末の薩摩藩主。開国と殖産興業を提唱。幕政に対しても発言力をもつが、一橋慶喜の擁立運動を進める中、突然亡くなる。

□岩倉具視

〔いわくらともみ〕　幕末の公家。王政復古の実現を目指し、薩摩の西郷、大久保とともに倒幕を目指す。明治維新後は右大臣に就任。

□木戸孝允

〔きどたかよし〕　幕末の長州藩士。西郷隆盛と薩長同盟を結ぶ。維新後は「五カ条の御誓文」の起草に参画、版籍奉還、廃藩置県を進めた。

□徳川慶喜

〔とくがわよしのぶ〕　江戸幕府最後の将軍。幕政改革をはかるが、大政奉還。その後は表舞台に立たず、油絵や写真などの趣味

□**榎本武揚**

□**乃木希典**

□**山本五十六**

に生きた。

〔えのもとたけあき〕　幕末・明治の政治家。オランダ留学後、海軍奉行に。戊辰戦争では政府軍と交戦し降伏。特赦を受ける。明治新政府で諸大臣を歴任した。

〔のぎまれすけ〕　明治時代の軍人。日露戦争では第三軍司令官として旅順攻撃の指揮を取る。その後、明治天皇の崩御にあたり殉死。

〔やまもといそろく〕　連合艦隊司令長官。太平洋戦争で真珠湾攻撃、ミッドウェー海戦などを指揮するが、ソロモン諸島上空で戦死した。

7 読めそうで読めない歴史上の人物②

□稗田阿礼

□太安万侶

□額田王

□役小角

〔ひえだのあれ〕　飛鳥時代、天武天皇の命で、『帝紀（ていき）』と『旧辞（きゅうじ）』を暗記。太安万侶がこれを筆録して『古事記』が編まれた。

〔おおのやすまろ〕　奈良時代の文官。元明天皇の命により、稗田阿礼が記憶していた『帝紀』、『旧辞』を筆録、三巻からなる古事記を完成させる。

〔ぬかたのおおきみ〕　飛鳥時代の女性歌人。後に、天武天皇となる大海人皇子（おおあまのおうじ）に寵愛されて皇女を産む。

〔えんのおづぬ〕　飛鳥時代に活躍した呪術者。真言密教の呪法と、神仙術を行う人物とされ、のちの修験道の開祖といわれる。

□橘逸勢

□塚原卜伝

□正親町天皇

□陶晴賢

□織田有楽斎

□安国寺恵瓊

〔たちばなのはやなり〕　平安初期の能書家。空海・嵯峨天皇とともに三筆と並び称される。

〔つかはらぼくでん〕　室町後期の剣客。卜伝流の祖。常陸に生まれ、上泉伊勢守に新陰流を学ぶ。その後、諸国を回り、普及に努める。

〔おおぎまちてんのう〕　第一〇六代天皇。織田信長らの援助を受けて、皇居の修理や伊勢神宮の造営など、皇室の諸儀式のための整備を進めた。

〔すえはるかた〕　室町後期の武将。大内義隆の重臣だったが、義隆を討つ。しかし、毛利元就との厳島（いつくしま）の戦いに破れ、自害した。

〔おだうらくさい〕　江戸前期の大名、茶人。織田信長の弟。千利休に茶を学び、有楽流を開く。東京の有楽町は彼の屋敷跡。

〔あんこくじえけい〕　安土桃山時代の僧・大名。豊臣秀吉に信頼された。関ヶ原の戦いでは西軍に属して敗北。京都六条河原

□塙保己一

□久坂玄瑞

□前島密

□森有礼

で斬首される。

〔はなわほきいち〕　江戸後期の国学者。七歳で失明、その後、和漢学を究め、幕府の保護下に和学講談所を開設。

〔くさかげんずい〕　幕末の長州藩士。吉田松陰門下生。急進的な尊王攘夷運動を進めたが、禁門の変で負傷し、自害。

〔まえじまひそか〕　明治期の官僚。イギリス留学後、官営の郵便事業をスタートさせる。「郵便」「切手」などの言葉を作ったのもこの人。

〔もりありのり〕　明治の政治家。薩摩藩留学生として海外で学び、帰国後、明六社（めいろくしゃ）を創立。初代の文相。国粋主義者に刺され死去。

8 すべて日本の歴代首相の名前です

□山県有朋

□西園寺公望

□山本権兵衛

□寺内正毅

〔やまがたありとも〕　第三代・第九代首相。徴兵制や軍制を確立させる一方、自由民権運動を弾圧。東京の椿山荘（ちんざんそう）は、元は彼の別荘。

〔さいおんじきんもち〕　第一二代・第一四代首相。公家出身。昭和の戦前期まで長生きして、「最後の元老」といわれた。

〔やまもとごんべえ〕　第一六代・第二二代首相。薩摩出身。海相として日露戦争前後の軍政面を担当。シーメンス事件・虎ノ門事件で辞職。

〔てらうちまさたけ〕　第一八代首相。陸軍出身。韓国併合を断行

□原敬

□高橋是清

□清浦奎吾

□浜口雄幸

して初代朝鮮総督に就任する。シベリア出兵に遠因する米騒動で辞職。

〔はらたかし〕　第一九代首相。「平民宰相」として名高い。教育制度の改善、交通機関の整備などを行ったが、東京駅頭で刺殺される。

〔たかはしこれきよ〕　第二〇代首相。昭和の金融恐慌では、蔵相として金輸出再禁止などで、日本経済を回復させるが、二・二六事件で暗殺される。

〔きようらけいご〕　第二三代首相。法相として治安警察法を制定。貴族院議員重視の姿勢が反感を呼び、護憲三派の攻撃で辞職。

〔はまぐちおさち〕　第二七代首相。「ライオン首相」と慕われた。外交面では協調策を取り、国内では積極財政策を遂行。東京駅で狙撃され、その翌年に死亡。

□犬養毅
□広田弘毅
□平沼騏一郎
□米内光政
□鈴木貫太郎

〔いぬかいつよし〕　第二九代首相。藩閥打倒を主張し、立憲国民党を結成。五・一五事件で軍人に射殺された。

〔ひろたこうき〕　第三二代首相。就任後、軍備拡張に拍車をかける結果となり、戦後、A級戦犯に問われる。文官としては唯一人処刑された。

〔ひらぬまきいちろう〕　第三五代首相。国家主義団体「国本社」を主宰し、右翼思想に影響を与えた。大戦後、A級戦犯として捕らえられ、獄中死した。

〔よないみつまさ〕　第三七代首相。日独伊三国同盟を望む陸軍と意見が対立して総辞職。海軍時代から、良識派として知られた。

〔すずきかんたろう〕　第四二代首相。太平洋戦争末期に首相に就任。軍部や政府部内の意見が紛糾する中、終戦工作に力を注いだ。

□**東久邇稔彦**

〔**ひがしくになるひこ**〕　第四三代首相。戦後初の内閣を組織し、終戦処理にあたる。わずか二カ月で総辞職。

□**幣原喜重郎**

〔**しではらきじゅうろう**〕　第四四代首相。加藤・若槻・浜口内閣のもとで外相として活躍。終戦後、首相の座に就くが、半年余りで辞職した。

□**芦田均**

〔**あしだひとし**〕　第四七代首相。日本民主党総裁として連立内閣を組むが、昭和電工疑獄事件で政界を退く。

□**石橋湛山**

〔**いしばしたんざん**〕　第五五代首相。ジャーナリスト出身。蔵相などとして戦後の再建につとめる。しかし、自らの内閣組閣後、病に倒れ、総辞職した。

□**池田勇人**

〔**いけだはやと**〕　第五八代首相。大蔵官僚を経て政界に進出。「国民所得倍増計画」を掲げ、高度経済成長政策を推進した。

9 すべて日本文化の重要人物です

□山部赤人

□大伴家持

□本阿弥光悦

□菱川師宣

〔やまべのあかひと〕奈良前期の歌人。万葉集に五〇首もの長歌・短歌を残す。柿本人麻呂と並び、歌聖と仰がれている。

〔おおとものやかもち〕　奈良時代の歌人。大伴旅人の長男。日本史の教科書には、万葉集の編者として登場する。

〔ほんあみこうえつ〕　安土桃山から江戸初期にかけて活躍した芸術家。寛永の三筆の一人として書にすぐれ、光悦蒔絵（まきえ）の創始者。

〔ひしかわもろのぶ〕　江戸前期の浮世絵師。独特の美人画様式を確立し、浮世絵の祖とされる。代表作に「見返り美人図」があ

□尾形乾山

□英一蝶

□池大雅

□円山応挙

□田能村竹田

る。

〔おがたけんざん〕江戸中期の陶工・画家。尾形光琳(こうりん)の弟。京都で乾山焼きを開窯(かいよう)。晩年は江戸や下野に窯を築いた。

〔はなぶさいっちょう〕江戸前・中期に活躍した画家。当初は狩野派に学んだが、破門された後、風俗画に転じて軽妙洒脱な画風を確立。

〔いけのたいが〕江戸中期の画家。日本の文人画の祖。日本各地を旅しては詩情あふれる作品を描いた。

〔まるやまおうきょ〕江戸中期の画家。円山派の祖。西洋画の透視図法や中国の写生画について研究を重ね、新しい日本画を確立した。

〔たのむらちくでん〕江戸後期の文人画家。藩の政策が嫌で官職をやめて、頼山陽らと親交をもつ。代表作に「亦復一楽帖(またまたいちらくじょう)」など。

□酒井抱一

□小林一茶

□十返舎一九

□西周

□新渡戸稲造

□二葉亭四迷

〔さかいほういつ〕　江戸後期の俳人画家。姫路城主・酒井忠以の弟。三十七歳で出家後、尾形光琳に私淑、琳派の継承者に。

〔こばやしいっさ〕　江戸後期の俳人。十四歳の頃、長野から江戸に出て俳諧を学ぶ。その後諸国を行脚しながら、創作活動を行う。代表作『おらが春』。

〔じっぺんしゃいっく〕　江戸後期の戯作者。江戸の版元・蔦谷重三郎に居候し、浮世絵制作を手伝う。その才能は『東海道中膝栗毛』などで開花した。

〔にしあまね〕　幕末から明治の思想家。明六社の結成に参加し、西洋思想の普及に努めた。「哲学」など、さまざまな訳語を作った人でもある。

〔にとべいなぞう〕　教育者。札幌農学校を卒業後、欧米に留学。東大教授、国際連盟事務次長などを歴任。代表作『武士道』。

〔ふたばていしめい〕　小説家・翻訳家。言文一致体の小説『浮雲』

を発表。朝日新聞の特派員としてロシアへ赴任するが、帰国の船中で死去。

□幸田露伴

〔こうだろはん〕　小説家。『五重塔』、『風流伝』により、尾崎紅葉と並び称される作家になった。第一回の文化勲章受章者。

□田山花袋

〔たやまかたい〕　小説家。代表作『蒲団』は、中年作家が、去っていった女の蒲団に顔をうずめ、匂いを嗅いで泣くという衝撃的な内容。私小説の祖ともいわれる。

□河東碧梧桐

〔かわひがしへきごとう〕　俳人。高浜虚子とともに正岡子規に師事。その後、季題と定型にとらわれない自由律俳句にすすむ。

□南方熊楠

〔みなかたくまぐす〕　博物学者・民俗学者。英国・大英博物館の嘱託職員となり、「Nature」誌にも寄稿。帰国後は粘菌の採集や民俗学の研究に没頭した。

□津田左右吉

〔つだそうきち〕　戦前を代表する歴史学者。右翼系思想家から告発され、代表作が発禁処分を受け、出版法違反で起訴される。

□新村出

〔しんむらいずる〕　言語・国語学者。『広辞苑』の編者。京大教授。日本の言語学・国語学を確立させた。キリシタン文献の考証でも知られる。

□有島武郎

〔ありしまたけお〕　小説家。代表作に『カインの末裔』、『生れ出づる悩み』など。軽井沢で波多野秋子と心中する。

□武者小路実篤

〔むしゃのこうじさねあつ〕　小説家・劇作家。また、理想主義の実践場として宮崎県に「新しき村」を開いた。代表作に『友情』、『真理先生』など。

□内田百閒

〔うちだひゃっけん〕　小説家・随筆家。夏目漱石に師事し、独特のユーモアと、風刺にあふれた作風で知られる。著作に『阿房列車』、『ノラや』など

□折口信夫

〔おりくちしのぶ〕　国文学者・歌人。柳田国男を師とし、国文学を民俗学の観点から研究。歌人としても独自の境地を拓いた。歌人名は釈 迢空（しゃくちょうくう）。

□直木三十五

□大仏次郎

□水原秋桜子

□棟方志功

〔なおきさんじゅうご〕　小説家。時代小説『南国太平記』で人気作家となる。死去した翌年、直木賞が設けられた。

〔おさらぎじろう〕　小説家。『鞍馬天狗』、『赤穂浪士』で大衆作家として認められた。『パリ燃ゆ』、『天皇の世紀』などの史伝も残す。

〔みずはらしゅうおうし〕　俳人。高浜虚子に師事。その後、俳句雑誌「馬酔木（あしび）」を主宰し、虚子の写生観を批判。新興俳句運動を起こした。

〔むなかたしこう〕　青森出身の版画家。『柳緑花紅頌』などが国際版画大賞を受賞。代表作に『二菩薩釈迦十大弟子』など。

10 意外と読み間違える日本史用語①

□**竹取物語**
〔**たけとりものがたり**〕　平安初期に仮名文字で書かれた最初の物語文学。作者・成立年は不明。「かぐや姫」の物語として現代まで読み継がれている。

□**古今和歌集**
〔**こきんわかしゅう**〕　最初の勅撰和歌集。撰者は、紀貫之、紀友則ら。万葉集のおおらかな歌風に比べ、優美・繊細な歌が多い。

□**往生要集**
〔**おうじょうようしゅう**〕　源信（げんしん）が著した仏教書。多数の仏教経典から、極楽浄土と地獄に関する記述を抜粋。浄土教の展開に影響を与えた。

□**方丈記**
〔**ほうじょうき**〕　鎌倉前期の随筆。作者は鴨長明。出家後の暮らしぶり、不安な世相が、仏教的無常観にもとづいて描かれている。

□宇治拾遺物語
〔うじしゅういものがたり〕　鎌倉初期に書かれた仏教的色彩が強い説話集。編者は不明。日常的な説話から珍奇な話まで内容は幅広い。

□勧進帳
〔かんじんちょう〕　歌舞伎十八番のひとつ。能の「安宅（あたか）」を歌舞伎化。山伏姿に身をやつした源義経主従をめぐる物語。

□椿説弓張月
〔ちんせつゆみはりづき〕　曲亭馬琴作、葛飾北斎画。源為朝（ためとも）の一代記で、勧善懲悪の精神に貫かれた波瀾万丈の伝奇物語。

□日本永代蔵
〔にっぽんえいたいぐら〕　井原西鶴が書いた浮世草子。町人たちの金銭をめぐる知恵と才覚の物語。

□心中天の網島
〔しんじゅうてんのあみじま〕　近松門左衛門の世話物の最高傑作。遊女小春と紙屋治兵衛の情死事件を脚色したもの。

□菅原伝授手習鑑

□八咫鏡

□漢委奴国王

□磐井の乱

□土師器

□須恵器

〔すがわらでんじゅてならいかがみ〕　浄瑠璃時代物の三大傑作の一つ。歌舞伎でも上演。菅原道真の悲劇に、三つ子の兄弟誕生の話をからめたもの。

〔やたのかがみ〕　三種の神器のひとつ。現在、伊勢神宮に納められている。

〔かんのわのなのこくおう〕　１７８４年、志賀島で発見された印に刻まれていた称号。倭奴国が漢に朝貢していたことを証明するとみられる。

〔いわいのらん〕　５２７年、筑紫の国造（くにのみやつこ）磐井が起こした反乱。磐井は新羅と組み、任那（みまな）に向かう朝廷軍を妨害するが、制圧されたとされる。

〔はじき〕　赤褐色か黄褐色をした文様のない素焼きの土器。古墳時代から平安時代、煮炊き用・食器として用いられた。

〔すえき〕　日本古代の灰色の硬質土器。轆轤（ろくろ）を利用して作られ、

□壬申の乱

□白村江

□庚午年籍

□口分田

□校倉

穴窯によって高温で焼かれた。平安時代まで用いられた。

〔じんしんのらん〕　６２７年（干支で壬申）、天智天皇の弟の大海人皇子と天皇の長子である大友皇子が、皇位継承をめぐって起こした内乱。

〔はくそんこう〕　朝鮮半島南西部にあった地名。６６４年、倭国・百済の連合軍と唐・新羅連合軍とが戦い、唐・新羅連合軍が勝利。かつては「はくすきのえ」とも読んだが、今は「はくそんこう」が主流。

〔こうごねんじゃく〕　６７０年に作成された、日本初の全国的な戸籍。

〔くぶんでん〕　古代、班田収授法によって支給された田のこと。

〔あぜくら〕　木材を井桁に組み、外壁にした倉のこと。東大寺の正倉院や唐招提寺の宝蔵など、校倉風の建築構造を「校倉造り」という。

11 意外と読み間違える日本史用語②

□**和同開珎**

□**太政大臣**

□**文章博士**

□**旋頭歌**

〔わどうかいちん〕　流通したものとしては、日本最古の鋳造銭貨。和銅元年（708）発行。かつては「わどうかいほう」と読んだが、今は「かいちん」が主流。

〔だじょうだいじん〕　律令制で、太政官の最高の官職。平安時代には、藤原氏一族が長くその地位を独占した。

〔もんじょうはかせ〕　奈良時代に設置された官職のひとつ。大学寮に属して、詩文と歴史を教授した教官のこと。

〔せどうか〕　和歌の形式の一種。五・七・七・五・七・七の六句を定型とする上下の三句の文字数が同じで「頭を旋（めぐ）らす」という意味から。

□**勘解由使**

〔かげゆし〕　平安時代の官職のひとつ。国司などの官吏が交代するとき、新任者の引き継ぎを証明する解由状を審査した。

□**検非違使**

〔けびいし〕　平安初期に設置された官職。警察業務を受け持つ。後に訴訟・裁判も扱い、強大な権力を持ったが、武士の台頭で衰えた。

□**御教書**

〔みぎょうしょ〕　平安時代以後、三位（さんみ）以上の公卿や将軍の命令が書かれた文書のこと。

□**常滑焼**

〔とこなめやき〕　愛知県常滑市とその付近で焼かれている陶磁器の名称。平安後期から作られ始め、現在ではおもに日用品・工業用品などが焼かれている。

□**承平・天慶の乱**

〔じょうへい・てんぎょうのらん〕　平将門の乱、藤原純友の乱をその年号で総称したもの。

□**鹿ヶ谷の陰謀**
〔ししがたにのいんぼう〕　１１７９年、僧・俊寛らが京都・鹿ヶ谷で平氏打倒を謀議した事件。

□**治承・寿永の乱**
〔じしょう・じゅえいのらん〕　源平合戦のこと。この年号の時期に戦われたことから、この名に。

□**倶利伽羅峠の合戦**
〔くりからとうげのかっせん〕　１１８３年、木曽義仲がこの峠で、平家を破った合戦。

□**管領**
〔かんれい〕　室町幕府の将軍を補佐する幕府最高の職名

□**設楽原の合戦**
〔したらがはらのかっせん〕　織田信長が武田勝頼を破った長篠の合戦の別名。

□**賤ヶ岳の戦い**
〔しずがたけのたたかい〕　１５８３年、賤ヶ岳で、羽柴（豊臣）秀吉が柴田勝家を破り、全国制覇の基礎を固めた戦いのこと。

12 意外と読み間違える日本史用語③

□公事方御定書
〔くじかたおさだめがき〕　二巻からなる江戸幕府の法典。八代将軍徳川吉宗の命によって編纂がスタート、寛保二年（１７４２）に完成。

□直参
〔じきさん〕　江戸時代、幕府に直属した武士（大名を除く）の総称。徳川家の家臣には、将軍にお目見えできる旗本と、できない御家人とがあった。

□外様大名
〔とざまだいみょう〕　江戸時代の親藩・譜代以外の大名。主に関ケ原の戦いの後、徳川氏に臣従した諸侯。基本的に、関東などの主要地には置かれなかった。

□切捨御免

□犬公方

□側用人

□撰銭

□遠国奉行

□郡奉行

〔きりすてごめん〕　江戸時代、武士は、農民や町人が非礼をした場合、切り捨ててもよいとされた。現実には有名無実化していた。

〔いぬくぼう〕　徳川五代将軍、徳川綱吉の通称。生類憐み（しょうるいあわれみ）の令を出し、極端に犬を愛護したことからこう呼ばれる。

〔そばようにん〕　江戸時代、幕府や諸藩に置かれた職名のひとつ。幕府では、老中の上申などを将軍に伝え、可否を伺う役職。

〔えりぜに〕　貨幣を与えられる者が、よい銭を選んで取ること。室町時代、私鋳銭（しちゅうせん）が横行したため行われたが、幕府は悪銭以外の撰銭を禁止。

〔おんごくぶぎょう〕　江戸時代、幕府直轄の要地に配備されていた奉行の総称。京都・大坂・駿府・長崎などに置かれた。

〔こおりぶぎょう〕　江戸時代、町方を取り締まる町奉行に対し、農村部を治めた奉行の呼び名。農政・民政・訴訟などを扱った。

□紫衣事件

□徒目付

□宗門改

□上知令

□元和偃武

〔しえじけん〕　寛永四年（1627）、後水尾（ごみずのお）天皇が大徳寺・妙心寺の僧に与えた紫衣着用の勅許が、幕府によって無効とされたことを発端にした事件。

〔かちめつけ〕　江戸幕府の職名のひとつ。目付の配下で、幕府諸役人の執務状況の内偵・報告などを行っていた。

〔しゅうもんあらため〕　キリシタン信仰を禁止するため、江戸幕府が設けた制度。個人や家ごとに仏教信者であることを檀家寺に証明させた。

〔あげちれい〕　天保の改革のさい、老中水野忠邦が発布した法令。江戸・大阪十里四方を幕府直轄領にしようとしたが、猛烈な反対を受けて中止。

〔げんなえんぶ〕　元和元年（1615）、大坂城落城によって世の中が平和になったこと。「偃は伏せるという意味で「偃武」は武器を伏せて用いないという意。

□黄檗宗

□菱垣廻船

□六義園

□田原坂の戦い

□万朝報

□蕃書調所

〔おうばくしゅう〕　臨済宗の一派。江戸時代、隠元が渡来し、黄檗山万福寺を建立し、広めた宗派。

〔ひがきかいせん〕　江戸時代、江戸・大坂間に就航していた輸送船。菱組の装飾をつけたことから、この名に。

〔りくぎえん〕　元禄時代、徳川綱吉に仕えた柳沢吉保がつくった屋敷。

〔たばるざかのたたかい〕　西南戦争中、最大の激戦。政府軍が西郷軍を破る。

〔よろずちょうほう〕　明治二五年（1892）、創刊の日刊新聞。内村鑑三・幸徳秋水らが加わり反戦記事を掲載した時期もある。

〔ばんしょしらべしょ〕　江戸末期に開かれた外国の諸事情を調査する機関。東京大学の部分的な前身。

第10章　語彙力がみるみるアップする「カタカナ語」

1 〝ニューノーマル〟の中で生まれた「カタカナ語」

□**ニューノーマル**……「新常態」と訳され、コロナ禍中の〝新しい日常〟を総称する言葉。ソーシャル・ディスタンスをとり、消毒とマスクの着用が習慣となり、リモートワークが普通になった暮らしや働き方を指す。

□**エッセンシャル・ワーカー**……コロナ禍で世界が変わり、言葉も変わった。これも、コロナウイルスの蔓延以後、よく耳にするようになった言葉で、市民生活に必要不可欠な仕事の従事者のこと。警官、消防士、医師・看護師らの医療関係者、清掃関係者らを指す。

□**ファクターX**……日本を含めて、東アジアは、欧米に比べて、コロナの感染率、重症化率、死亡率が低い。そのため、東アジアの人々は、コロナウイルスに対する何らかの抵抗力を持っているのではないかとする見方がある。そうした要因があるにしても、現時点ではその正体、理由が不明であるため、「ファクターX」と呼ばれている。

□**マスギャザリング**……直訳すれば、大勢が集まること。おもに医療体制に関係して使われる言葉で、「一定の時間、特定の場所に、同一目的で集った多数の集団」を指す。そのような状態では、むろん感染症の感染率が高まるため、ウイズ・コロナの時代、改めて注目されている概念。

□**ワクチン・ナショナリズム**……各国がコロナワクチンの開発を進めるなか、すでにその〝争奪戦〟も始まっている。「ワクチン・ナショナリズム」は、各国がワクチンの供給確保競争を繰り広げているさまを表す言葉。

□**アーリー・ムーバーズ**……コロナウイルスに対して、初動の対策が早く、被害が少ない国（地域）を指す言葉。具体的には、ニュージランド、デンマーク、台湾などを指し、「小さめでクレバーな国」という意味合いを含む。

2 経済・ビジネスに関する「カタカナ語」

□**ムーンショット目標**……かつてのアポロ計画の「人類を月に到達させる」というような壮大な目標のこと。飛躍的なイノベーションを目指すには、そうした目標が必要という文脈で使われることが多い。「企業再生には、ムーンショット目標が必要だ」など。

□**リープフロッグ現象**……直訳すれば、「カエル跳び現象」。おもに新興国で、既存の技術を飛び越えて、新しいサービスが一気に広まる現象を指す。たとえば、電話網の整備されていない国で、家庭用電話の普及率は低いまま、スマホが一気に普及したり、銀行網が整備されていない国で、電子マネーが普及する現象などを指す。

□**ホイッスル・ブロワー**……直訳すれば、「警笛を吹く人」。そこから、組織内部の不正を告発する「内部告発者」という意味で使われている。

□**ローパフォーマー**……企業などの組織で、パフォーマンスの程度が低い人のこと。具体的には、業務で成果を上げられなかったり、能力ややる気不足の社員、労働者を指す。「ローパー」と略されることもある。対義語は「ハイパフォーマー」。

□**サイロエフェクト**……「サイロ」は、円筒状の飼料貯蔵庫のことで、「サイロエフェクト」とは、それを組織分断のたとえとした使った言葉。要するに「タコツボ化」のことで、組織や業務が細かく分かれるなか、全体的な最適を達成できなくなる状態。「各事業部の力が強すぎて、サイロエフェクトが生じている」などと使う。

□**ティッピング・ポイント**……それまでは、ゆるやかに変化していたものが、ある時点から、突然大きく変化する分岐点を指す言葉。たとえば、「地球温暖化がティッピング・ポイントを越えようとしている」などと使う。

□**チャイナ・プラスワン**……日本企業が中国以外にも海外生産拠点を持ち、リスクを分散する経営手法。アセアン諸国などへリスクを分散し、中国への集中投資を回避する考え方。「部品を安定的に調達するためには、チャイナプラスワンが必要だ」などと使う。

□**マイクロマネジメント**……直訳すると「細かすぎる管理」。管理職が部下の仕事ぶりに干渉しすぎることを意味する。「彼はマイクロマネジメント専門で、トップの器ではない」など、否定的な意味で使われる。

□**インビジブル・ハンド**……経済学の父、アダム・スミスの『国富論』にある言葉。いわゆる「見えざる手」を英語でいうと、こうなる。自由に競争するうち、「見えざる手」に導かれて、社会の繁栄と調和が達成されるという古典派経済学の基本的な考え方を表す言葉。

□**ワイズ・スペンディング**……賢明な公共支出。もとは経済学者のケインズの言葉で、不況対策として財政支出するときには、賢明な事業選択が必要という意味。小池百合子都知事が使って、「意味がわからないカタカナ語」の代表格として話題になった言葉。

□**ゴーストレストラン**……コロナ禍のなか、生まれた新しい飲食業の業態。店舗を持たず、〝姿〟が見えないことから、「ゴースト」と呼ばれる。ウーバーイーツなどを利用し、宅配に限って事業を行うため、立地は不問、接客の必要もなく、同じ場所で〝数店舗〟を経営することも可能な業態。ただし、すでに競争激化の状態に入っている。

□**ブルーオーシャン**……経営学の用語で、まだ競争相手のいない未開拓の市場を〝青い大海原〟にたとえた言葉。そういう手つかずの市場を開拓すれば、競合他社がいないため、価格競争に巻き込まれることなく、大きく稼ぐことができるという文脈で使われる語。

□**トレードオフ**……二つの事柄が同時には成立しない二律背反の関係。要するに、「あちらを立てれば、こちらが立たず」という関係。たとえば、「物価の安定と完全雇用は、トレードオフの関係にある」などと使う。

□**ビッグピクチャー**……全体像や大局という意味で、プレゼンテーションなどでよく使われている言葉。「まずは、ビッグピクチャーを描くことが必要です」などと使われる。

□**コンピテンシー**……「ハイパフォーマー（高い業績を上げている人）の行動特性」を表す言葉。そうした人々の能力や技能という意味で、近年、各企業が注目している概念。「生産性を上げるためには、コンピテンシー・マネジメントが必要だ」などと使う。

3 毎日のニュースに関する「カタカナ語」

□**レジリエンス**……本来は回復力、復元力という意味で、近年は心理用語として「へこたれない力」という意味で使われることが多い。逆境に陥っても、へこたれることなく、やがては立ち直れるしなやかな力というニュアンス。「コロナ禍のビジネスマンには、一層のレジリエンスが要求される」などと使う。

□**トレンドセッター**……流行を作りだす人たち、流行を仕掛ける人たち、流行を決める人たちのこと。「彼は、ファッション界のトレンドセッターとして確固たる地位を築いている」などと使う。

□**SDGs**……「持続可能な開発目標」を意味する英語の略。最後のsだけを小文字で書き、「エス・ディー・ジーズ」と発音する。２０１５年、国連が採択した国際目標で、「貧困をなくす」、「飢餓をゼロに」などの17の大目標と、それを達成するための169のターゲットによって構成されている。

□**チョークポイント**……地政学の概念で、シーパワーを確保するうえで、戦略的に重要な海上の水路・地点を指す言葉。具体的には、ホルムズ海峡、ジブラルタル海峡、スエズ運河などが、これに当たり、「マラッカ海峡は、日本のエネルギー確保にとって、最大のチョークポイントだ」などと使う。

□**グアムキラー**……中国の中距離弾道ミサイルのこと。中国本土から発射したとき、米軍基地のあるグアム島を射程におさめるので、この名がある。「中国がグアムキラーの発射実験を行い、米国を牽制する」などと使われている。

□**フレイル**……2014年、日本老年医学会が提唱し、高齢者の健康状態に関して使われるようになった言葉。もとは「虚弱」や「脆弱」を意味する語で、高齢者の健常な状態と要介護の中間段階を指す。「コロナ禍のなか、フレイルに陥らないよう、散歩を日課にする」などと使う。

□**スマートフォン・ゾンビ**……英語の俗語で、「歩きスマホ」のこと。スマホを持った腕を前に突き出して、のろのろと歩く姿をゾンビにたとえた言葉。

□**エコ・チェンバー現象**……「エコ・チェンバー」は、音楽を録音するための「残響室」のこと。そこから、「エコ・チェンバー現象」は、ネットなどで、価値観の似た者同士がコミュニケーションを繰り返すことで、特定の考えが「増幅」される現象を指す。近頃、SNSによって、極端な意見やフェイクニュースが広まる一因となっているとみられる現象。

□**カルト**……もとは、宗教的礼拝、崇拝といった意味だが、いまでは社会的に邪教とされる宗教集団を指す。また、少数の人々から熱狂的に支持されることもいう。たとえば、「カルト・ムービー」といえば、少数だが、熱狂的なファンに支持される映画のこと。ほかにも「カルト漫画」「カルト文学」などが、よく使われる。

□**スローフード**……伝統的な食文化を守り、良質な食材の生産者を応援する運動の総称。北イタリアから起きた運動で、ファストフードの世界的な流行へのアンチテーゼとして生まれた。今では一般名詞化し、「今度の日曜は、スローフードにしない？」などと用いる。

□**グローバルスタンダード**……世界標準、国際標準のこと。企業活動や金融システム、さらにはハイテク機器の規格、生活の安全基準まで、世界を視野に入れた基準のこと。

□**アセスメント**……評価、判定のことだが、日本では「環境アセスメント（環境影響評価）」を指すことが多く、これは、事業者が開発を進める前に、その開発が自然環境にどのような影響を与えるかを調査・予測・評価すること。その後、市民らの意見も参考に、環境保全上、ふさわしい方向に事業を進めることが望まれる。

□モラルハザード……倫理や道徳的な節度が欠如している状態。官僚の多額接待、メーカーの欠陥商品の隠蔽、保険会社の保険金未払い、銀行の不正融資、研究者の研究論文の捏造などが、これに当たる。

□インフォームド・コンセント……医師が患者の治療、手術などに当たるとき、患者に十分な情報を提供すること。かつて患者は、医師の判断に逆らいにくいものだったが、この仕組みによって、患者の自己決定権が昔より確立しつつある。

□バイオマス……ある地域に存在する生物の総量のこと。近年は「バイオマス・エネルギー」という形で、エネルギー源となる生物体に対して使われることが多く、実際、バイオマスの燃焼時や酸化時に得られる熱が、発電や動力などに利用される。代表的なバイオマスには、木材、わら、もみ殻、家畜ふんなどの動植物系に加え、生ゴミや下水の汚泥も含まれる。

4 いつのまにか日常会話で使われている「カタカナ語」①

□**マウンティング**……もとは、動物が自らの優位を示すため、他の動物に対して馬乗りになる状態を指す言葉。それが人間関係にも使われるようになり、「あいつ、何かとマウントしてくるんだよな」などと用いられている。

□**テンプレート**……もとは、鋳型や判型という意味。型に流し込んで同じものを創り出すことから、今はパソコン、スマホを使った文章作成に関係して、定型文やひな型という意味で用いられている。また、ネット用語としては、その略語の「テンプレ」が、お定まりの反応といった意味で使われている。

□**ジャンク**……がらくた。廃品。無用なものの意味。「ジャンク・フード」と言えば、スナック菓子やファスト・フードのような手軽で栄養の乏しい食品のこと。「ジャンク・アート」は、がらくたを利用した芸術。「ジャンク・ボンド」は、格付けの低いがらくた同然の債券。

□フレキシブル……曲げやすいという意味だが、最近は柔軟な、融通がきくといった意味でよく使われている。「どんなお客にもフレキシブルに対応するホテルマン」などと用いる。曲げるという意味の「フレックス（flex）」から来た言葉で、「フレックス・タイム（flex time）」は勤務時間の自由選択制のこと。

□シュール……フランス語の「シュールレアリスム」の略。これは、詩人アンドレ・ブルトンらの唱えた「超現実主義」と称される芸術運動。理性的なものを排除し、夢や潜在意識などの世界を表現しようとしたもので、常識を揺さぶるような表現が少なくない。そこから「あれはシュールな音楽だ」などと、現実離れしたものを皮肉るときにも使う。

□シニカル……冷笑的な、皮肉な、などの意味。古代ギリシャ哲学の一派であるキニク学派に由来する言葉。キニク学派は、無所有と精神の独立を目指し、現世を否定したり、からかったりした。そこから、今の冷笑的なという意味が生まれた。

□ディベート……討論、議論、論争、討論会といった意味があるが、近年は討論、議論の特定スタイルを指す言葉としてよく使われる。定められたルールに従って、一つのテーマに対して肯定側と否定側の二つに分かれて討論し、説得性を競うもの。

□キャパシティ……「劇場のキャパシティ」など、収容能力、定員、容量の意味でよく使われるが、ほかに能力、才能という意味もある。「ビジネス・キャパシティ」といえば、実務の才能。ほかに、会社や機械などの最大生産能力、エンジンなどの総排気量などの意味もある。収容能力を指すときは「キャパはどれくらい?」など、「キャパ」と略されることが多い。

□シミュレーション……実際に実験するわけでなく、実際と同じ状況をつくりだし、そこで予測などを行うこと。また、見せかけ、偽ることという意味があるため、サッカーでは審判を欺くプレイを指す。「シュミレーション」と発音したり、書いたりしないように。

□**パフォーマンス**……演技。催物。とくに言語や音楽などに頼らず、肉体のみで表現する前衛的なものや、街頭での突発的なものを指す。また、成果、性能、実績という意味もあり、「この車はパフォーマンスが高い」のように、総合的な性能を表すときにも用いる。コンピューターの世界ではハードやソフトの性能、人間に関して使う場合は、実績や成果の意味にも使われる。

□**オプション**……選択肢。選択の自由。自動車やパソコン、オーディオ機器、旅行の世界では、標準的な内容に、顧客が自分の好みで加えるものを指し、「オプショナル・パーツ」「オプショナル・ツアー」などと使う。一方、経済用語の「オプション取引」は、株式をはじめとする商品を一定期間内ならば一定量をいつでも指定価格で売買できる取引のこと。

□**オフレコ**……「オフ・ザ・レコード(off the record)」の略で、非公開、非公表という意味。取材者に対して、一般に公表しないことを条件にして話す内容。「オフレコで新聞記者たちに話した内容が、紙面に載って窮地に立たされる」など。

□**ギミック**……仕掛けやからくり、巧妙な小道具の意味。テレビや舞台、プロレスなどで、「お客を引きつけるための仕掛け」という意味でよく使われる。仕掛けがあまりにその場しのぎ的なときは、ネガティブな意味にもなる。「ギミックに頼っているうちは、本物の芸人とはいえない」などと用いる。

□**ポテンシャル**……潜在能力がある、という意味。個人の能力を指すときに、「彼のポテンシャルは、あの程度ではない」などと使うほか、組織や団体などに対しても用いる。たとえば、「あの会社のポテンシャルを考えるなら、株価の上限はもっと上だろう」などと用いる。

5 いつのまにか日常会話で使われている「カタカナ語」②

□**フェイク**……にせの。ごまかし。模造品。「フェイク・ニュース」ですっかりおなじみの言葉に。美術の世界では、贋作。音楽の世界では、ジャズなどで即興でメロディを崩して演奏すること。ファッションの世界では、「フェイク・ファー（fake fur）」の略。

□**ファジー**……毛羽立った、ふわふわのという意味もあるが、最近は曖昧な、不明瞭なという意味で使われることが多い。「ファジーな関係」、「ファジーな領域」など。

□**イシュー**……論点、問題点のこと。英語では「出版物」という意味もあるが、日本では「大臣はこのイシューの意味がよくわかっていない」などと使われている。なお、「このイシューの問題点は、どこにあるか」と言うと、「問題点の問題点」と意味が重なるので、変な日本語になる。

□**アーカイブ**……資料などを組織的に収集し、保管したもの。または、その保管機関。原義は「公的記録」だが、いまは「公」にこだわらず、単に記録、資料、史料、その保管庫の意味で使う。

□**メンタリティ**……知能、精神活動、精神状態といった意味があり、精神・心理状態に関わるさま全般を指す。「メンタル・ヘルス（mental health）」は、精神衛生。「メンタル・ヒーリング（mental healing）」は、暗示や精神集中による薬を排した治療方法。一方、「メンタル・ワーカー（mental worker）」は、頭脳労働者。

□**ルーチン**……いつもしている、という意味。「ルーチン・ワーク（routine work）」は、日常の決まりきった仕事。コンピュータの世界では、プログラムの構成要素の中で、一つのまとまりのある機能を果たす部分のこと。「ルーテイン」とも表記する。

□**キャプテンシー**……「キャプテン（captain）」は、船長や機長、スポーツチームの主将、指導者などの意味。キャプテンシーは、そこから派生して、キャプテンの果たす役割、指導力の意味で用いられる。「キャプテンシーのある主将」など。

□**アイロニー**……皮肉、皮肉な事態、当てこすり、風刺などの意味があるが、ほかに「反語的な」という意味もあり、自分の考えをより強調するため、あえて反対の表現を用いること。「アイロニーに満ちた表現」などと使われる。

□**ラビリンス**……迷路、迷宮のこと。ギリシャ神話で、クレタ王ミノスは、妻の産んだ牛の頭をもつ怪物ミノタウロスの始末に困り、名工ダイダロスにミノタウロスを閉じ込める迷宮を造らせた。それが、ギリシャ語の「ラビュリントス(labyrinthos)」で、ラビリンスの語源。

6 大人にはおなじみの「カタカナ語」

□**ステレオタイプ**……英語のもとの意味は、印刷用のステロ版、鉛板のこと。そこから、固定観念、定型、紋切り型、決まり文句といった意味が生まれてきた。商品や企画に対し、ありきたりで個性も独創性もないという意味で使われる。「ステロタイプ」ともいう。

□**エキセントリック**……行動、習慣、意見などが一風変わった、あるいは常軌を逸しているという意味。さらに、今の日本では、ひどく変わっている、奇人の、ヒステリックな、という意味でも用いられている。「彼の意見はちょっとエキセントリックだよ」など。

□**スキーム**……計画。体制。概要。とくに組織だった計画に使う。１９９０年代、不良債権の処理が問題になったころから、官僚や政治家の間でよく使われるようになった。「この不良債権を処分するスキームは、以下のとおりです」「そのスキームでは不十分だ」などと用いる。

□**ソリューション**……問題の解決。解答。とくに、新しいビジネスモデルの構築や情報システムの刷新に関する解決法を指す。「さらにコアなリピーターをつくりだすためのソリューションを探す」などと用いる。

□**セグメンテーション**……細分化。区分け。マーケティングの世界では、市場を分けて分析したうえで、それぞれの市場に合わせた販売や広告を展開することを指す。「セグメンテーションしすぎると、大きな市場をとらえそこなう」などと使う。

□**インセンティブ**……目標を達成するための刺激。企業社会やスポーツ界では、「報奨金」の意味で使われている。たとえばプロ野球では「インセンティブ契約」という言葉がよく使われるが、これは出来高払いのこと。「頑張ろうにも、うちの会社は、何のインセンティブもなくてね」などと用いる。

□**コミッション**……手数料、仲介料。正当な仲介料だけでなく、「賄賂」の意味もある。「コミッションがないことには、この仕事は請け負えません」など。ほかに「委員会」という意味もあり、「コミッショナー」はその長。

□**ニッチ**……もとは、壁のくぼみや適所を意味する。ビジネスでは、隙間という意味で使われ、たとえば「ニッチ産業」と言えば、大手企業が手をつけていない、狭い市場で活動する隙間産業のこと。あるいは、「ニッチ戦略」は、特定の分野に絞り込んで、経営資源を集中的に投入するマーケティングの手法。

□**フィードバック**……帰還、反応といった意味。ビジネスでは、企業や商店が情報やサービスを送り、顧客や消費者からの反応を受け取ること。このフィードバックによって、企業や商店は情報やサービスの改善を図るためのデータを得られる。

□**イノベーション**……技術革新。従来とは異なった新機軸。単に技術分野だけでなく、経営や組織の革新にもよく使う。「産業界の動きについていくため、わが社でも、まずは組織のイノベーションが必要だ」などと使う。

□**コンテンツ**……書籍・雑誌、テレビ番組、ホームページなど、情報媒体の中身を指す。「A社のホームページはコンテンツが貧弱だ」などと用いる。

□**アウトソーシング**……社外委託、外部調達と訳され、外部の専門企業に社内業務を委託すること。おもに社内の事務やコンピュータ・システムの運用などを社外の業者に委託することに使われる。狙いはもちろん低コスト化である。

□**ダウンサイジング**……規模や形を小型化すること。とりわけ日本の企業経営では、経営合理化のため、組織をスリムにし、人件費などを圧縮することを指すことが多い。

□**アカウンタビリティ**……自らの行為の理由を対外的に説明する責任。とりわけ政府や行政が、自らの判断や行為について、国民が納得するように説明する責任。近年では、行政責任の一つに組み込まれつつある。企業では、経営側が会社の財務状況、経営戦略の展開や成果について、株主らに説明する責任。

□オーガナイズ……英語としては、準備する、手配する、整理する、系統立てる、組織する、編成するなど、さまざまな意味があるが、日本ではおもに「組織する」の意味で使われている。名詞の「オーガニゼーション（organization）」は、組織、団体、公的機関のこと。

□ドメスティック……家庭的な、家事の、といった意味。ほかに、国内の、という意味もある。「ドメスティック・バイオレンス（domestic violence）」、略して「DV」は、家庭内暴力のこと。「ドメスティック・サイエンス」は家政学。

□エスニック……民族的な、民族特有のという意味。ただし、わが国では、欧米に対して用いることはほとんどなく、アジアやアフリカ、ラテンアメリカなどのファッション、音楽、料理を語るときに使う。なお、「エスニック料理」には、アジアやアフリカのスパイスのきいた料理が多いが、辛い料理を意味しているわけではない。

□**ヘゲモニー**……主導権。指導力。もとは覇権という意味のドイツ語だが、英語化もしている。「軍隊を送り込み、ヘゲモニーを握る」、「太平洋のヘゲモニーを賭けての争い」などと使う。

□**アイデンティファイ**……同一人物であることを確認する。本人であると認めること。名詞の「アイデンティティ（identity）」は、自分が自分である認識、自己同一性といった意味。「このまま命令に従ったのでは、自分のアイデンティティが崩れてしまう」などと使う。「アイデンティティ・クライシス（identity crisis）」は自己喪失。

□**オルタナティブ**……二者択一。代案。日本では、伝統的に確立されたものに替わる、新しい制度や思想、価値観の意味で使われる。「過去の成功体験にとらわれないオルタナティブなアイデアが必要だよ」など。「オルタナティブ・

メディシン」と言えば、西洋医学以外の漢方や整体などの医療を指す。

□**サンクチュアリ**……宗教上の聖域。宗教以外の場でも、「侵してはならない神聖な場所」に対して使う。さらには、「敵の攻撃を受けない安全地帯の意味」にも使われ、禁猟区、鳥獣保護区の意味にも用いられる。「あの山は、この周辺に住む人にとってはサンクチュアリであり、入山してはいけない」などと用いる。

□**リテラシー**……本来は「読み書き能力」の意味だが、そこからある分野における能力・知識を指すようになった。たとえば「メディア・リテラシー」は、メディアを上手に使いこなし、役立てる能力のこと。「コンピュータ・リテラシー」は、コンピュータを運用する能力。「情報リテラシー」は、多様な情報メディアを利用し、活用する能力。

□**エスタブリッシュメント**……設立、制定、組織、施設などのさまざまな意味があるが、「それは、エスタブリッシュメントの意見だよ」などと使われるときは、支配層、組織の上層部、体制側、主流派などを意味する。

◆参考文献

「言葉に関する問答集総集編」文化庁（大蔵省印刷局）／「新聞に見る日本語の大疑問」毎日新聞校閲部編（東京書籍）／「語源の楽しみ一～五」「語源散策」岩淵悦太郎（河出文庫）／「井上ひさしの日本語相談」井上ひさし／「大岡信の日本語相談」大岡信／「大野晋の日本語相談」大野晋／「丸谷才一の日本語相談」丸谷才一（以上、朝日文庫）／「語源をつきとめる」堀井令以知、「漢字の知恵」遠藤哲夫（以上、講談社新書）／「ことばの紳士録」松村明（朝日新聞社）／「ことばの豆事典シリーズ」三井銀行ことばの豆事典編集室編（角川文庫）／「ことばの博物誌」金田一春彦（文藝春秋）／「日本語はおもしろい」柴田武（岩波新書）／「日本語の知識百科」和田利政監修（主婦と生活社）／「暮らしのことば語源辞典」山口佳紀編（講談社）／「広辞苑」（岩波書店）／「広辞林」（三省堂）／「日本語大辞典」（講談社）／「成語林」（旺文社）／「故事・俗信ことわざ大辞典」（小学館）／ほか

本書は、『この一冊で面白いほど身につく！　大人の国語力大全』（小社刊／2013年）、『これだけは知っておきたい大人の漢字力大全』（同／2013年）、『そのひと言で試される！　できる大人の日本語大全』（同／2014年）、『読んだら忘れない大人の国語力辞典』（同／2016年）、『国語力　大人のテスト1000』（同／2017年）、『できる大人はやっぱり！　語彙力［決定版］』（同／2019年）をもとに、新原稿を加え、改題のうえ、編集したものです。

青春文庫

小学生はできるのに大人は間違える日本語

2021年2月20日　第1刷

編　　者　話題の達人倶楽部
発行者　小澤源太郎
責任編集　株式会社プライム涌光
発行所　株式会社青春出版社

〒162-0056　東京都新宿区若松町12-1
電話 03-3203-2850（編集部）
03-3207-1916（営業部）
振替番号　00190-7-98602

印刷／大日本印刷
製本／ナショナル製本
ISBN 978-4-413-09772-7

ほんとうのあなたに出逢う ◆ 青春文庫

結局、「決める力」がすべてを変える

流される人生から、自分で選択する人生へ

藤由達藏

行動する力が生まれる、スパッと決められる、先延ばしグセがなくなる…ぐずぐずする自分・優柔不断な自分にオサラバする方法

(SE-768)

図説 地図とあらすじでわかる！古事記と日本書紀

坂本 勝[監修]

『古事記』と『日本書紀』は何が違うのか、日本人の源流とはいったい何か…なるほど、そういう話だったのか！

(SE-769)

謎と疑問にズバリ答える！日本史の新視点

新 晴正

その歴史常識には、裏がある！ 大坂の陣の後、海外で活動した日本のサムライ傭兵の謎ほか、目からウロコの推理と読み解き！

(SE-770)

そわそわしない練習

植西 聰

「ちゃんとやらなきゃ」「嫌われちゃいけない」「SNSだけで時間が過ぎる」…忙しい中でも、焦らず自分らしくいられるヒント

(SE-771)